W0357433

Neue Westfälische | Edition

Neue Westfälische (Hg.)

Der Hungerwinter 1946/47 in Ostwestfalen-Lippe

Wie wir der Eiseskälte und dem Hunger trotzten

Zeitzeugen berichten

Impressum

1. Auflage November 2016
Herausgeber: Zeitungsverlag Neue Westfälische GmbH & Co. KG
Redaktion: Thomas Seim (Chefredakteur)
Titelfoto: Stadtarchiv Rahden
Satz und Gestaltung: NOW-Medien GmbH & Co. KG, Bielefeld
Druck und Bindung: Wilco B.V./NL
©Neue Westfälische, Bielefeld 2016
ISBN 978-3-923231-99-7

Alle Rechte der Verbreitung, einschließlich der Bearbeitung für Film, Funk und Fernsehen, CD-ROM, der Übersetzung, Fotokopie und des auszugsweisen Nachdrucks und Gebrauchs im In- und Ausland sind geschützt.

Neue Westfälische | Edition
www.nw.de

INHALT

Erinnerungen

Liebe Leserin, lieber Leser,

das Weihnachtsfest gibt uns Zeit für Ruhe und Besinnlichkeit. Im Kreise unserer Nächsten genießen wir ein paar ruhige, schöne Stunden, die wohlige Wärme des knisternden Kamins oder der vollelektronischen Heizung, den Tropfen edlen Rotweins oder das kühle Bier. Der Geschmack von Gänsebraten oder Fondue-Filet liegt uns noch vom letzten Jahr auf der Zunge und bereitet uns Vorfreude.

Vor 70 Jahren war das dramatisch anders. Die Menschen in Deutschland hatten den Frieden wieder und waren darüber glücklich. Sonst aber hatten sie: Nichts! Keine Kohle, kein Holz zum Heizen, kein Brot, geschweige denn Fleisch oder Wurst gegen den Hunger. Ein furchtbarer Winter hatte Deutschland 1946/47 in eisiger Hand.
Es gab großes Leid.

Wir haben 70 Jahre danach diese Menschen noch einmal aufgesucht, die das erlebten, und haben sie ihre Geschichten erzählen lassen. Sie erzählen von Eintopf und Ziegenbutter in Bad Oeynhausen, von Mundraub und Kohlenklau in Bünde, Maispampe, Muckefuck und Weihnachtswunder in Güterloh, Eiseskälte in Bielefeld oder Paderborner Tabakanbau für den Schwarzmarkt.

Es sind anrührende und dramatische Leidensgeschichten, aber auch Geschichten über die Kunst des Überlebens. Geschichten, die nahe gehen. Geschichten, die uns nachdenklich und demütig machen sollten. Nach der Lektüre werden Sie einen neuen Blick auf die Gegenwart haben – und Frieden und Wohlstand neu zu schätzen wissen.

Thomas Seim
Chefredakteur der Neuen Westfälischen

Für eine Schweineschwarte hart gearbeitet

Johannes Bergmann war im Hungerwinter 44 Jahre alt. Städter kamen zum „hamstern" nach Pr. Ströhen

Von Sonja Rohlfing

Steckrüben, egal ob als Eintopf oder als Gemüse, waren für meinen Großvater ein Graus. Die Erinnerung an schlechte Zeiten hatte dem Mann, Jahrgang 1902, den Appetit auf das Kohlgewächs gründlich verdorben. „Wenn wir man Steckrüben gehabt hätten", sagt Johannes Bergmann. Allerdings sei auch er kein Freund davon, räumt der 94-Jährige ein. Die Menschen, die den Hungerwinter 1946/47 als Erwachsene miterlebt haben, werden weniger. Deshalb freue ich mich, dass der Preußisch Ströher bereit ist, über die Zeit zu erzählen.

„Es gab wenig Essen und viel Arbeit", bringt Johannes Bergmann den 70 Jahre zurückliegenden Winter auf den Punkt. Das gesamte Leben drehte sich um die Sicherung der Grundbedürfnisse: Nahrung, Kleidung, Wohnung. Das war Ende 1946 auch ganz im Norden des gerade von der britischen Militärregierung aus der Taufe gehobenen Landes Nordrhein-Westfalen nicht anders als in den übrigen Teilen des zerstörten Nachkriegsdeutschlands.

„Man musste was machen, wenn man etwas essen und es warm haben wollte", erzählt Johannes Bergmann, dessen Vater vor dem Krieg selbstständiger Elektroniker gewesen war. „Kaufen konnte man nichts. Es gab nur das, was man auf den Lebensmittelmarken hatte." Gegen das Wertpapier wurden vor allem Brot und Fett zugeteilt. Aber selbst das sei nicht immer zu bekommen gewesen. Neue Kontingente hätten die Geschäfte nur gegen eingeklebte Marken erhalten. Bei guten Beziehungen zum Lieferanten habe es manchmal etwas mehr gegeben. Davon sei einem mit Glück hier und da etwas zugesteckt worden.

„Die Mengen reichten hinten und vorne nicht", betont Johannes Bergmann. „Gegessen wurde daher, was der eigene Garten hergab: Kartoffeln, Gemüse, Obst." Aber auf einen mühevollen Anbau folgte nicht automatisch eine gute Ernte. „Es waren ganz schlechte Zeiten. Das kann sich heute niemand mehr vorstellen." Schon im November sei es bitterkalt gewesen.

Erinnerungsstück: Die Reichsmark war bis zur Einführung der Deutschen Mark (DM) 1948 auch nach dem Krieg noch offizielles Zahlungsmittel. Von viel größerem Wert waren im Hungerwinter 1946/47 aber Lebensmittelmarken. Johannes Bergmann hat trotzdem einen 100-Reichsmark-Schein aufbewahrt. Foto: Sonja Rohlfing

Kohlen zum Heizen gab es nicht. „Wir sind zum Torfstechen ins Ströher und Wagenfelder Moor gegangen." Der Brennwert des dort gewonnenen Torfes sei aber gering gewesen. „Es wurden sogar die Baumstümpfe in den Waldungen gerodet, um Heiz- und Brennmaterial zu haben."

Erledigt werden musste das alles neben dem Beruf. Johannes Bergmann hatte Arbeit als Schlosser im benachbarten Wagenfeld gefunden. „60 Arbeitsstunden pro Woche waren normal. 70 bis 80 Stunden kriegten wir am Ende raus." Der Verdienst dafür sei sehr gering gewesen. „Aber es gab ja auch kaum etwas zu kaufen." Das sei erst 1948 mit der Währungsreform besser geworden. „Erst da bekam man was fürs Geld", erklärt der 94-Jährige.

„Aber wir konnten uns ja wenigstens noch etwas anbauen", verweist er auf den Garten neben dem von seinem Großvater erbauten Haus. Die Menschen in den Städten hätten es noch schwerer gehabt. Auch an dem kleinen Bahnhof Preußisch Ströhen seien die Städter morgens mit dem ersten Zug angekommen, um zu „hamstern". „An jeder Station stiegen welche aus, abends

Wer die Möglichkeit hatte, baute im Garten hinter dem Haus Kartoffeln an.
Bei der Ernte mussten alle mithelfen – vom Kind bis zur Großmutter. Foto: Stadtarchiv Rahden

Torf war zum Teil das einzige Brennmaterial, das zur Verfügung stand.
Zum Torfstechen gingen die Männer ins Ströher und Wagenfelder Moor. Foto: Stadtarchiv Rahden

ging es mit dem Zug zurück. Einige hatten dann ihre Rucksäcke prall gefüllt, manche haben aber auch nichts bekommen."

Fleisch habe es nur selten zu essen gegeben. Meist fehlte schon die Grundlage: das Haustier. Selbst wenn im Schuppen oder Garten hinter dem Haus Platz gewesen wäre, wurden keine Hühner oder kein Schwein gehalten. „Es war ja kein Futter da", erläutert Johannes Bergmann.

Die Bauern und Landwirte mussten ein bestimmtes Ablieferungssoll erfüllen, das im Wesentlichen aus Getreideprodukten, Kartoffeln und Schlachtvieh bestand. „Schwarz", also illegal, geschlachtet wurde trotzdem. „Wenn eine Schweineschwarte davon abfiel, hatte man Glück. Dafür musste man ganz schön arbeiten", erinnert sich der gelernte Klempner und Installateur, der mit seinem technischen Geschick auch auf den umliegenden Bauernhöfen aushalf. „Mal habe ich dafür ein halbes Pfund Butter bekommen und ein anderes Mal ein Einmachglas mit Schaffleisch."

Die Jagd auf Kaninchen oder Rehe war keine wirkliche Alternative, um den Speiseplan zu bereichern. „Waffen hatte ja keiner", sagt der Preußisch Ströher. Die mussten bei den britischen Militärs abgegeben werden. Wer dennoch wildern ging, stellte Fallen auf. Überhaupt blieb auch im Nordkreis so manches Verbot unbeachtet. Das Schwarzbrennen von Schnaps sei strikt verboten gewesen, trotzdem habe es fast jeder gemacht. „Man durfte sich nur nicht erwischen lassen." Der selbstgebrannte Schnaps sei ganz schön hochprozentig wesen. „Den musste man verdünnen, sonst brannte er in der Kehle", erzählt der 94-Jährige und schmunzelt.

Gedanken über die weitere Zukunft habe man sich nur selten gemacht. Dazu seien sie viel zu beschäftigt gewesen. „Dass die Zeit nicht so bleibt und wir auch mal wieder andere Zeiten kriegen, daran haben wir geglaubt", erklärt Johannes Bergmann. Die bessere Zeit kam – für ihn und für meinen Großvater auch.

Der NRW-Nordpunkt

In der Rahdener Ortschaft Preußisch Ströhen liegt der nördlichste Punkt Nordrhein-Westfalens. Die Landesgrenze zu Niedersachsen haben die Menschen hier sozusagen direkt vor der Haustür. Das war auch 1946 schon so. Auf die Versorgungslage der Menschen hatte die nahe Grenze nach Johannes Bergmanns Erinnerung weder positive noch negative Auswirkungen. Sowohl Westfalen als auch der überwiegende Teil des westlichen Norddeutschlands gehörten beide zur britischen Besatzungszone.

„Glücklich, heile da rausgekommen zu sein“

Erinnerungen eines Blasheimers: Arnold Koch litt Not in der Kriegsgefangenschaft. Über den Hungerwinter 1946/47 rettete sich seine Familie samt den Evakuierten zu Hause mit dem, was die kleine Landwirtschaft hergab

Von Heike von Schulz

Der Zweite Weltkrieg ist zu Ende, die Not ein Jahr danach nicht. Seit dem 8. Mai 1945 schweigen die Waffen und mehr als 60 Millionen Menschen sind tot. Das Sterben geht weiter, denn der Winter 1946/47 soll als Hungerwinter in die Geschichte eingehen und fordert erneut unzählige Menschenleben. In Deutschland sind Nahrungsmittel knapp und rationiert. Einem heißen Sommer, der die Ernte schlecht ausfallen lässt, folgt der strengste Winter des 20. Jahrhunderts. Die Menschen sind ausgezehrt, am Ende ihrer Kräfte. Besonders in den zerbombten Städten verlieren viele den Überlebenskampf. Anstehen um Essen in klirrender Kälte, Hamstern, Tauschen, Diebstahl und Mundraub gehören zum Tagesablauf. Der Schwarzmarkt blüht.

Arnold Koch. Fotos: Heike von Schulz

Wer als Vertriebener aufs Land kommt, hat es leichter. In den Dörfern sind die Menschen Selbstversorger. Die Bauern haben Kartoffeln, Milch und nicht selten wird ein Schwein schwarz geschlachtet. Auch wenn es streng verboten ist und die Behörden ein Auge darauf haben. Denn jedes Gramm Fleisch, was über der zugeteilten Menge liegt, muss abgegeben werden. Doch die Bauern wissen sich zu helfen. 70 Jahre liegt der Hungerwinter 1946/47 nun

Eigene Ernte: Bei Tomaten und Gurken schwört Arnold Koch auf den eigenen Anbau im Gewächshaus. In dem Punkt ist er heute noch Selbstversorger und hat Spaß am Gärtnern.

zurück. Zeitzeuge Arnold Koch aus Hüllhorst erinnert sich.

Der heute 89-jährige Diplom-Handelslehrer im Ruhestand war 19, als der Hungerwinter 1946/47 über Deutschland kam. Was Hunger bedeutet, hatte er ein Jahr zuvor erfahren. Mit 16 wurde er im Januar 1944 zur Luftwaffe eingezogen und geriet im April 1945 in Ludwigshafen in Kriegsgefangenschaft. 50 Tage voller Entbehrungen. 50 Tage, die er nie vergessen wird. „Wir lebten auf einem Kartoffelacker unter freiem Himmel. Die ersten 14 Tage bekamen wir nichts zu essen und zu trinken. Meine Kameraden buddelten die frisch gepflanzten Kartoffeln aus und aßen sie. Ich war zu stolz dazu. Irgendwann habe ich den Hunger nicht mehr gespürt“, so Koch. Ein Kanten Weißbrot musste für sieben Personen, reichen und Wasser gab es aus einem Hahn für 7.000 Gefangene, erinnert er sich. Nach 50 Tagen wurde er wie durch ein Wunder entlassen. „Ich kann es mir bis heute nicht erklären“, sagt er und schildert, wie es dazu kam. „Alle Land- und Forstwirte, Bedienstete aus Handel und Verkehr mit der Postleitzahl 21a – die galt für Nordwestfalen – bekamen die Entlassungspapiere der Wehrmacht, weil sie in der Heimat gebraucht wurden. Mein Vater war Zigarrenmacher und leitete eine Filiale in Blasheim der Zigarrenfabrik August Schuster aus Bünde. Auf mich trafen die Bedingungen somit nicht zu. Doch auf der letzten Seite meines Soldbuches stand mit Beistift der Name Friedrich Koch, Werkmeister, geschrieben. Dabei lag ein Foto meiner Eltern mit unseren Kühen. Meine Kameraden meinten, versuch es, du bist doch aus der Landwirtschaft."

Es klappte. Per Zug und zu Fuß erreichte Arnold Koch im Juni 1945 sein Elternhaus mit der Nummer 223. Straßennamen gab es in Blasheim noch nicht. Zwölfeinhalb Kilo hatte er abgenommen, dürr und nur mit den Habseligkeiten, die er auf dem Leib trug, schlossen ihn seine Eltern und die jüngere Schwester in die Arme. Er lebte. Das war das Einzige, was zählt.

„Ich hatte kein Bett mehr. Unser Haus war mit Evakuierten voll belegt. Bei uns wohnte ein Junge aus dem Ruhrgebiet, einer aus Münster und eine Mutter mit Tochter aus dem Rheinland. Meine Kindersachen passten mir nicht mehr, ich hatte nichts zum Anziehen", erinnert er sich. Die Kühe auf dem Foto, die ihm bei Entlassung aus der Gefangenschaft

Lieblingsplatz Wintergarten: Hier liest Arnold Koch und beschäftigt sich mit seinem Computer.

Glück beschert hatten, waren ein Gewinn in dem strengen Winter, der später als Hungerwinter in den Geschichtsbüchern vermerkt wurde. In weiser Voraussicht hatte die Mutter von Arnold Koch dafür gesorgt, dass die Familie eine kleine Landwirtschaft betrieb. Der Weizen, der auf dem gepachteten Acker geerntet wurde, wurde zur Mühle Siebe in Obermehnen gebracht. Dafür gab es Weiß- und Graubrot. Im Garten gedieh Obst und Gemüse, das die Mutter einkochte. Hühner und Schweine trugen dazu bei, dass die Familie samt den Evakuierten keinen Hunger litt. „Wir waren Selbstversorger und hatten immer genug zu essen", erinnert sich Arnold Koch und erzählt von seiner Cousine aus Herne, die regelmäßig kam. „Mutter gab ihr Lebensmittel mit, weil im Ruhrgebiet die Not groß war. Meine Cousine hatte auf der Rückfahrt mit dem Zug große Angst, beim Schmuggeln erwischt zu werden.“

Auf Schwarzschlachten standen hohe Strafen. Wer einem Schwein ohne Genehmigung den Garaus machte, stand wegen Kriegswirtschaftsverbrechen mit einem Bein im Gefängnis. „Bis 1945 haben wir nicht schwarz geschlachtet, das war zu gefährlich“, so Arnold Koch. Später schon. Man habe auf die Nachbarn vertraut, nicht verpfiffen zu werden, und hielt eine Schlachtung möglichst geheim. Auch die Kinder sollten am besten nichts davon mitbekommen. Er erinnert sich an eine Familie mit vier Kindern im Ort, wo der Vater gleich zwei Schweine schlachtete. „Da landeten acht Schweinefüße im Eintopf und die Kinder fragten den Vater, wie viele Füße denn ihr Schwein hatte“, erzählt Koch.

Vom Schwein wurde alles verwertet. Zwei Schinken, Ohren, Füße, Kleinfleisch. Es wurde Leber- und Blutwurst eingekocht, der Speck wurde gepökelt. Der Vorrat musste ein Jahr halten. Auf dem Mittagstisch standen heimische Gerichte, wie sie heute noch gekocht werden: Sauerkraut, Grünkohl, Rosenkohl, Schnippelbohnen, Eintöpfe mit weißen Bohnen, Gemüse und Kartoffeln, auch Wurst und Speck.

Auch in Blasheim blühte im Winter 1946/47 der Schwarzmarkt. Arnold Kochs größter Wunsch waren neue Schläuche für die vielfach geflickten Fahrradreifen, aber da war nicht dranzukommen. Er ging inzwischen auf Bitten seines Vater wieder zur Schule nach Lübbecke und machte später sein Abitur. Mit seinem Kumpel tauschte er den einzigen Ersatzschlauch, wenn eins der Räder der beiden auf dem Schulweg mal wieder einen Plattfuß hatte. Er erinnert sich, wie er an einem Tag 250 Reichsmark verdiente: „Mein Vater lieh mir 250 Mark. Dafür bekam ich 50 Eier. Die Eier tauschte ich gegen 100 Chesterfield-Zigaretten. Ein mir bekannter Gastwirt, der hinter dem Tresen englische Zigaretten verkaufte, gab mir fünf Mark pro Stück.“ Aber das Geld war nichts wert. Was zählte, waren Sachwerte zum Tauschen. Als 1948 die Währungsreform kam und jeder 40 Deutsche Mark bekam, habe es plötzlich wieder alles zu kaufen gegeben, wenn auch sehr teuer, so Koch. „Auch wenn wir armselig aufgewachsen sind, wir kannte es nicht anders und waren glücklich, heile da rausgekommen zu sein“, sagt er heute.

Arnold Koch machte eine kaufmännische Lehre in der Zigarrenfabrik, für die schon sein Vater arbeitete. Von 1954 bis 1958 studierte er in Hamburg, heiratete, gründete eine Familie, zog ins eigene Haus nach Hüllhorst und war bis zu seiner Pensionierung als diplomierter Handelslehrer an der Berufsschule in Lübbecke tätig.

„Nie wieder Maisbrot"

Die Bad Oeynhausenerin Anni Behl-Harbsmeier (84) erinnert sich an Schneemassen, Eintopf und Ziegenbutter

Von Nicole Sielermann

Eintönig, so beschreibt Anni Behl-Harbsmeier (84) das Essen im Winter 1946/1947. „Einen solchen Überfluss wie heute, den gab es nicht", erinnert sich die Bad Oeynhausenerin. Einen richtigen Hungerwinter aber wohl auch nicht. Zumindest nicht auf dem Dorf. „Wir waren Selbstversorger", erzählt die 84-Jährige. Wir, das waren damals Anni und ihr Bruder, ihre Mutter und die Großeltern. Letztere hatten einen kleinen Bauernhof, ein bisschen Land und Ziegen. Für die Familie damals die Rettung.

Denn zwischen November 1946 und März 1947 erleben die Menschen einen der kältesten Winter des 20. Jahrhunderts. Schon im November sinken die Temperaturen unter null. Anfang Dezember beginnt eine zweite Frostwelle und auch im Januar werden neue Minusrekorde gemessen. Die Kälte ist nicht nur grimmiger als gewöhnlich, sie dauert auch quälend lange an. In Deutschland kämpfen vor allem die Bewohner der zerbombten Städte mit dem Hunger. Im April 1947 kommt der ersehnte Frühling und mit ihm das Ende der großen Kälte.

„Die Flüchtlinge aus dem Ruhrgebiet hatten es schwerer als wir", weiß Anni Behl-Harbsmeier. „Die hatten wirklich nichts zu essen", erinnert sich die Bad Oeynhausenerin. Und so gab Annis Mutter von dem wenigen auch noch was ab: „Sie hat Brote für die Nachbarin und die Kinder geschmiert." Die Situation dort sei schon sehr schlimm gewesen.

Bei Annis Familie sah das dank der Ziegen etwas besser aus: „Wir haben uns von Ziegenmilch und Pudding ernährt." Und von dem, was Mutter und Oma den Sommer über eingekocht hatten. Wie Birnen. Der Baum im Garten hatte ordentlich getragen. Und so kochten Mutter und Oma Birnen-Eintopf auf Vorrat. „Außerdem durften wir offiziell ein Schwein schlachten." Doch den Großteil der Woche gab es Maisbrot mit Rübenkraut. „Wir wurden nicht gefragt: Was wollt ihr essen?", winkt Anni Behl-Harbsmeier ab. „Das schmeckte ekelig – ich woll-

Erinnerungen: Auf den Feldern hat der Opa von Anni Behl-Harbsmeier (84) früher Getreide angebaut. Mit dem Mehl hat die Familie im Hungerwinter Brote gebacken – für die Nachbarn mit.
Foto: Nicole Sielermann

te nie wieder Maisbrot essen.“ Ein Vorsatz, den die 84-Jährige durchgehalten hat. Rübenkraut aber schmeckt ihr immer noch. „Genauso ekelhaft war auch die Ziegenbutter, die war so streng, die konnte man eigentlich nicht essen.“ Von der bekam auch die Tante in Volmerdingsen etwas ab. „Die hatten kein Land, kein Vieh – die haben wir mitversorgt.“

Im Vorratsraum der Großeltern lagerte aber auch ein Sack Mehl. „Das Getreide hatte Opa im Sommer mit der Sense gemäht und dann gedroschen. „Den vollen Sack packte er aufs Fahrrad und brachte ihn zur Mühle.“ Und vom eingelagerten Mehl wurde dann den Winter über Brot gebacken – für die Nachbarn mit. „Wir haben auch viel gekungelt – und zum Beispiel im Dorf Eier gegen Salz und Zucker getauscht“, erinnert sich Anni Behl-Harbsmeier.

Brot ins Boot und Dröppelsprit

Wie der Bauerssohn Friedel Schütte aus Löhne-Mennighüffen und das Stadtkind Ingrid Odmann aus Herford das Jahrhunderthochwasser der Werre und den bitterkalten Winter 1946/47 erlebten

Von Ulf Hanke

Eisblumen wuchern an den Fensterscheiben. Die neunjährige Inken will raus, auch wenn die Füße frieren. Drinnen in der winzigen Wohnung über der Bäckerei Brimmer in der Herforder Lübberstraße wird es nicht richtig warm. Abends heizt die Mutter den Ofen an, damit Inken und ihr älterer Bruder Dieter einschlafen können. Doch das Ofenrohr zieht nicht richtig, beißender Rauch kriecht in Nase und Augen. Die Briketts glühen nur ein paar Stunden, dann kriecht die Kälte unter die Bettdecke. Tagsüber hockt Inken in der Backstube oder läuft zur Großmutter, die hat immer etwas zum Naschen. Oma stopft Zeitungspapier in die Schuhe und Inken hält ihre kalten Füße kurz in Omas heißen Ofen.

Der Winter 1946/47 war bitterkalt, in den Augen einer Neunjährigen aber irgendwie auch ein Abenteuer. 70 Jahre später ist das Mädchen Inken selbst Groß- und Urgroßmutter. „Ticktack-Oma", sagt Ingrid Odmann, geborene Hempelmann. Die 79-jährige

Ingrid Odmann (79) erlebte den Hungerwinter als Neunjährige in der Herforder Innenstadt. Foto: Ulf Hanke

Löhnerin erzählt gern von ihrer Kindheit im Herford der Nachkriegszeit und lächelt dabei, es sind gute Erinnerungen trotz aller Entbehrungen. Sie hatte als Kind viel Freiraum. „Sobald wir etwas im Magen hatten“, sagt sie, „sind wir draußen spielen gegangen.“

Die Erwachsenen dagegen hatten nach dem Ende des Zweiten Weltkriegs genug damit zu tun, das eigene Leben wieder auf die Reihe zu bekommen. Für Stadtmenschen war das schwieriger als auf dem Land, wo man sich selbst versorgen konnte. Viele zogen deshalb vorübergehend zu Verwandten rings um Herford in die Nähe von Bauernhöfen. Lebensmittel waren seit dem Einmarsch der Amerikaner im April 1945 rationiert. Jede Woche gab es Marken für 1.500 Gramm Brot, 200 Gramm Fleisch, 200 Gramm Fett und 125 Gramm Grieß, Graupen, Haferflocken oder Teigwaren.

Das Jahrhunderthochwasser der Werre verschärfte die Versorgungslage Anfang 1946 jedoch dramatisch. In Herford stand die Lübberstraße unter Wasser. Ingrid Odmann erinnert sich, dass die Werre vorne zur Haustür rein und hinten wieder raus floss. Kunden der Bäckerei Brimmer hielten mit Paddelbooten vor dem Haus und ihre Mutter seilte Körbe aus dem Fenster ab und verkaufte für die Bäckerei das Brot direkt ins Boot.

In Löhne spülte das Hochwasser fruchtbare Äckerböden fort, das Getreide konnte nicht rechtzeitig ausgesät werden. Im Herbst schrumpften deshalb die Ernten, der Schwarzmarkt blühte. Der darauffolgende Winter wird deshalb oft als „Hungerwinter“ beschrieben. Er kam besonders früh und war besonders kalt. Das hat sich ins kollektive Gedächtnis eingebrannt wie die galoppierende Geldentwertung zum Ende der Weimarer Republik.

Im ländlichen Löhne gab es 1946 tatsächlich wenig zu essen, erläutert Stadtarchivar Joachim Kuschke. Die Gemeindevertretung von Mennighüffen beschloss noch im Oktober 1945, dass der Sportplatz Drosselhain „aus ernährungspolitischen Gründen“ ein Jahr lang als Kleingartenland verpachtet werden musste. Erst vier Jahre später, 1949, konnten wieder Vereine auf den Platz. Auch Sportplätze in Gohfeld und auf dem Bischofshagen dienten erst einmal als Kleingärten. Eine Hungerepidemie hat der Stadtarchivar in Löhne jedoch nicht ausmachen können. „Das Hauptproblem war die Kälte“, sagt Kuschke. Die Temperaturen fielen noch im Herbst 1946 in den zweistelligen Minusbereich.

Der strenge Winter forderte Opfer, doch die Zahl der Sterbefälle ging zurück. Der Tod schrumpfte nach den Kriegsjahren wieder auf Normalmaß. Die Gemeinde Gohfeld, heute der größte Ortsteil Löhnes, verzeichnete in den Jahren 1946 und 1947 erstmals seit dem Beginn des Zweiten Weltkriegs wieder weniger Sterbefälle. Dabei war die Zahl der gefallenen Soldaten aus Gohfeld in den ersten Nachkriegsjahren noch ganz beträchtlich. Die Toten wurden verspätet gemeldet und ins Sterberegister eingetragen.

Die Dorfbewohner der Nachkriegszeit starben nicht am Hunger. Allerdings setzten Mangelernährung und Kälte vor allem Alten und Schwachen zu: Die häufigsten Todesursachen waren Lebensschwäche, Altersschwäche, Herzschlag, Herzschwäche oder Lungenentzündung.

Sterbefälle in der Gemeinde Gohfeld

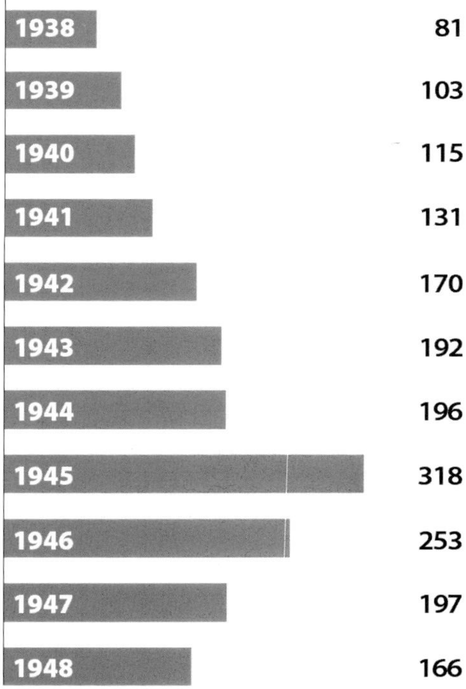

Die Überlebensstrategien waren in Stadt und Land unterschiedlich und doch ganz ähnlich: Überall wurde getauscht und gehandelt, um an Essen zu kommen. Schwarzhandel und Kohlenklau waren in Herford genauso alltäglich wie in Löhne, wenn Kohlenzüge durch den Bahnhof zuckelten. Brennmaterial war Mangelware. In Löhne waren ein Jahr zuvor schon die Bäume entlang ganzer Straßenzüge gefällt und verheizt worden. Die Gemeindevertretung Obernbeck hatte bereits im Herbst 1945 sämtliche Linden entlang der Wilhelmstraße, Sandstraße und Tonwerkstraße fällen lassen.

Das amtlich bereitgestellte Brennholz verschwand in den Öfen der Privatwohnungen. Die öffentlichen Schulen hatten das Nachsehen. Wegen des heftigen Frosts im darauf folgenden Winter 1946/47 musste der Unterricht in ganz Löhne flächendeckend ausfallen. Am 8. Januar 1947 wurde nach den Weihnachtsferien eine Außentemperatur von minus 17 Grad Celsius gemessen. Und in der Volksschule Obernbeck-Feld platzte im gleichen Monat sogar ein Heizkörper, weil sich Eis darin gebildet hatte.

Der Löhner Bahnhof entwickelte sich zur Drehscheibe für Stadtmenschen, die auf dem Land Essbares kaufen wollten. Der Ostscheider Volksschullehrer Hinrich Henke notierte in seiner Schulchronik: „Die Züge sind überfüllt von Kartoffelhamstern.“ Die Menschen kamen mit Geld, Schmuck und Wertsachen, um sie gegen Essbares einzutauschen. Für ein Pfund Speck wurden 200 Reichsmark geboten. Der Bischofshagener Volksschullehrer Heinrich Ottensmeier benannte im Jahr 1947 den Gegenwert für ein Paar Schuhe in Löhne: 1.000 bis 1.200 Reichsmark. Ein Anzug habe 2.500 bis 3.000 Reichsmark gekostet, allein für den Stoff habe man etwa 600 Eier zu geben, schrieb Ottensmeier. Und 100 Eier kosteten wiederum 10 Zentner Kohlen.

■

Der Bischofshagener Volksschullehrer Heinrich Ottensmeier beschrieb die Lage im Winter 1946/47 in der Schulchronik:
„Deutschland hungert und friert. Die Kartoffeln sind sehr knapp. Selbst bei vielen Selbstversorgern sind sie infolge der vielen Bittenden und Bettler knapp geworden. Ich kenne Fälle, dass Selbstversorger sogar im Frühjahr Esskartoffeln kaufen mussten. (…) Die Brennmittelnot ist kaum zu beschreiben. Für den ganzen Winter sind drei oder vier Zentner Kohle aufgerufen. Das reicht für ein bis zwei Wochen bei der strengen Kälte. Alles oder fast alles geht nächtlicherweise zum ‚Kohlenklauen'. Es ist verboten und wird bestraft, aber es gibt keine andere Lösung für die frierenden Menschen."

Die Kinder Inken und Dieter wurden in der Herforder Lübberstraße von ihrer alleinerziehenden Mutter Helga mit Kohlenbriketts und Lebensmitteln versorgt. In weiten Stofftaschen schleppte sie die Waren nach Hause. „Meine Mutter hat beim Engländer serviert", erzählt Ingrid Odmann. Erst in einer besetzten Villa an der Bielefelder Straße, dann in der Kaserne an der Mindener Straße. Ein paar Mal durfte Ingrid mit und wurde von den Soldaten durchgefüttert: „Ich war eine halbe Portion und bekam immer etwas zugesteckt."

Es waren die Frauen in ihrer Familie, die dafür sorgten, dass nicht gehungert werden musste. Ingrid Odmann erinnert sich, wie ihre Tanten in einem großen Topf Rübenkraut einkochten. Den süßen Sirup gab es dann jeden Tag als Brotaufstrich. „Ich habe es geliebt." Selbst die Großmutter half mit, sie nähte und tauschte Kleider gegen Lebensmittel. Inkens Vater war noch nicht zurück aus dem Krieg.

Auch im ländlichen Mennighüffen, einem Ortsteil von Löhne, blühte der Schwarzhandel. Auf dem Bauernhof Schütte wohnten acht Familien, Evakuierte und Flüchtlinge waren dort einquartiert worden. Zum Hof gehörten zehn Hektar Land, die Werre spülte bei dem verheerenden Hochwasser Anfang des Jahres einen Teil der fruchtbaren Ackerkrume fort. „Zwei Hektar Weizenland waren weg, da lag

Aus dem geöffneten Fenster seilte die Mutter von Ingrid Odmann Brote aus der Bäckerei direkt in wartende Boote ab. Die damals neunjährige Ingrid nutzte die Gelegenheit, um Schiffchen aus dem Fenster ins Wasser zu werfen. Die Familie wohnte im dritten Haus von rechts im ersten Stock.
Foto: Stadtarchiv Herford

nur blanker Kies", erzählt Bauerssohn Friedrich Schütte. Als 13-Jähriger half er seinem Vater 1946 dabei, den nahen Deich abzutragen und den Boden auf dem Kiesbett zu verteilen, um wenigstens auf dieser dünnen Schicht säen und ernten zu können. Schüttes bekamen etwas Kunstdünger. Die Vorräte des Landhandels Linneweber an der Obernbecker Fünfpfennigsbrücke waren nicht weggeschwemmt worden. Die Ernte im Herbst war überaus karg. Ohne Schwarzhandel wären die acht Familien auf dem Hof Schütte nicht durch den Winter gekommen. „Wir haben gehungert, ja, aber niemand ist verhungert", sagt der 83-jährige Friedrich Schütte. Die Mennighüffener Bauersfamilie hatte etwas Vieh und schlachtete heimlich. Außerdem deckte der eigene Steckrübenacker den täglichen Bedarf.

Im Herbst 1946 mussten die Kinder raus aufs Feld und mit blanken Händen Rüben ziehen: „Mein Vater war guter Landwirt, aber ein harter Typ", sagt Friedrich Schütte. Weil der Frost schon so früh und heftig kam, war die Rübenernte nicht berauschend. Mutter Mathilde kochte mit ihren Rezepten und dem schwarz geschlachteten Schwein dennoch schmackhafte Mahlzeiten. Friedrich Schütte hat bis heute jedenfalls keine Abneigung gegen Steckrüben entwickelt, auch wenn die Rüben damals eigentlich ständig auf den Teller kamen.

Rezept für Rübenkraut-Salat

nach Mathilde Schütte, der Mutter von Friedrich Schütte:

Steckrübe schälen, in Streifen schneiden und würfeln. Die Rübenschnitzel in einem zur Hälfte mit Wasser gefüllten Topf, etwas Fett (falls vorhanden), Salz, Pfeffer, gewürfelten Zwiebeln und einer Prise Zucker etwa 20 Minuten kochen. Danach abgießen und kalt werden lassen. Gartenkräuter hacken und hinzufügen (Dill, Sellerie, Schnittlauch oder Löwenzahn).

Abschmecken und in einer Schale kalt servieren.

Der vierjährige Friedel auf dem Dreirad neben dem Nachbarsmädchen Leni Niehus und der Lehrerfrau Else Rogge, die auf dem Hof wohnte. Foto: Privatarchiv

Der Schreibtisch von Friedrich Schütte (83) steht heute im ehemaligen Kornspeicher des elterlichen Bauernhofs in Mennighüffen. Foto: Ulf Hanke

Ingrid Odmann war, was das Essen betraf, wählerischer. Sie erinnert sich noch gut an die beginnende Schulspeisung 1947 und die vielen süßen Gerichte. „Ich bin mit Grießbrei erwachsen geworden", erzählt sie. Süßer Pudding, Trockenfeigen und Milchreis von den Amerikanern, das war ihre Welt. „Je süßer, desto besser!" Käse und die Tomaten, die im kleinen Garten der Großmutter wuchsen, verschmähte sie. Noch heute mag sie beides nicht und auf dem Couchtisch in ihrem Wohnzimmer steht selbstverständlich eine Schale mit Schlickerkram.

Die beiden Zeitzeugen haben den „Hungerwinter" als Kinder erlebt und beschreiben die Zeit trotz vieler Entbehrungen überwiegend positiv. „Überleben war alles", sagt Friedrich Schütte. „Und trotzdem habe ich eigentlich nur gute Erinnerungen an eine schlechte Zeit."

Schütte erzählt gern von seiner ersten Badehose, die eine Hofbewohnerin für ihn aus einer alten Hakenkreuzfahne nähte. Oder seinem Konfirmationsanzug aus Zuckersäcken, die Bundfalte mit Seife gestärkt. Sie hielt gerade so lange, dass der Dorffotograf sein Foto machen konnte, schon beim Hinsetzen knitterte der Anzug. Friedrich Schütte erinnert sich aber auch an ein Baby, das während der Flucht mit der Familie aus Ostpreußen zur Welt gekommen war, noch 1945 den Hof in Mennighüffen erreichte, aber dann völlig entkräftet und unterernährt verstarb. Friedrich Schütte: „Das war die traurigste Beerdigung, die ich je erlebt habe."

Beeindruckt hat die beiden Zeitzeugen vor allem das Tauschen, Kompensieren, Organisieren – oder in Mennighüffen: das Kungeln. Friedrich Schütte war in seinem Element. „Das gefiel mir", erzählt der 83-Jährige, „ich wollte immer Kaufmann werden." Freunde und Mitschüler der Amtsmittelschule Löhne-Bahnhof fanden schnell einen Spitznamen für ihren Klassenkameraden: Friedel, der Kungeler.

Auf dem Schwarzmarkt wurde alles gehandelt. In Mennighüffen diente Tabak als Geldersatz. Das Zigarrenrollen war ein weitverbreitetes Handwerk auf dem Dorf. Allein 36 Zigarrenfabriken in Mennighüffen hat die Heimatforscherin Inge Rolfsmeier nachgewiesen. In der Nachkriegszeit holten die Zigarrenarbeiter die eisernen Tabakreserven aus feuchten Kellern und muffigen Dachgeschossen und rollten den Reste-Tabak in edle Sumatra-Deckblätter. Friedrich Schütte grinst schelmisch, wenn er daran zurückdenkt: „Das waren Zigarren Marke ‚Handgranate': Anzün-

Konfirmand Friedrich Schütte im Jahr 1948 in einem Anzug aus Zuckersäcken, den Nachbar Wilhelm Schäde nähte. Die Bügelfalte ist mit Seife gestärkt. Foto: Privatarchiv

Bauerssohn Friedrich Schütte vor der Diele des alten Bauernhauses. Das kleine Huisken rechts wurde 1946 gebaut als zusätzliches Plumpsklo für die neu einquartierten Hausbewohner auf dem Schütten Hof: Evakuierte und Flüchtlinge. Foto: Ulf Hanke

den und wegwerfen!" Hinterm Berge, also im heutigen Mühlenkreis Minden-Lübbecke, erzählt Schütte, hätten diese bemerkenswerten Rauchwaren aus Mennighüffen allemal reißenden Absatz gefunden.

Auch die Verwandtschaft aus Amerika unterstützte die Familien im besetzten Deutschland. Über 50 Care-Pakete, schätzt Friedrich Schütte, sind in der Nachkriegszeit auf dem Hof in Mennighüffen eingetroffen. Die Amerikaner schickten Schokolade und Kaffee, Genussmittel von unschätzbarem Wert. „Schon ein Ei war eine kleine Kostbarkeit", erzählt Schütte. Die Bettler vor der Tür, die vom Löhner Bahnhof aus alle Höfe abklapperten, hätten sicher Unsummen bezahlt, um es zu bekommen. Seine Mutter habe aber niemals Geld oder gar Schmuck genommen und trotzdem jedem Bedürftigen wenigstens eine Stulle zugesteckt, erzählt Schütte. Und wenn sie Lebensmittelmarken übrig hatte, ließ sie die im Laden zurück. „Die wussten schon, wer es nötiger hatte."

Sohn Friedel konzentrierte sich mehr aufs Kungeln. Mit ein paar Nachbarjungs bot er sich einer Tankstelle an der Lübbecker Straße, unweit der Gaststätte Tümpelkrug, als Aushilfe an. Nicht ohne Hintergedanken: Die Tankstelle wurde von Soldaten einer belgischen Einheit betrieben, die für das Betanken von Lastwagen abgeordnet war. „Die waren kampfesmüde", sagt Friedrich Schütte. Also übernahmen die Mennighüffener Jungens mit Zustimmung der Soldaten mehr oder weniger den Tankbetrieb. „Wir bekamen dafür den Dröppelsprit", erzählt Schütte, also den Benzinrest im Schlauch zwischen Zapfsäule und Zapfpistole. Kanisterweise schleppten die Jungs das Benzin nach Hause und betrieben mit diesem Schatz einen schwunghaften Tauschhandel – bis die belgischen Soldaten durch Engländer abgelöst wurden.

Flüchtlingskinder in Löhne: Schülerzahlen der Amtsmittelschule

Löhne-Bahnhof im Jahr 1946

387 Schüler gesamt

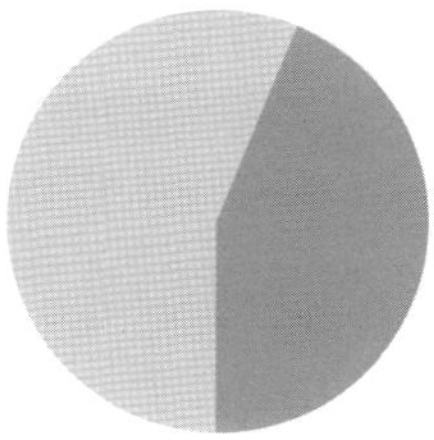

- 200 Knaben
- 187 Mädchen

200 Knaben gesamt

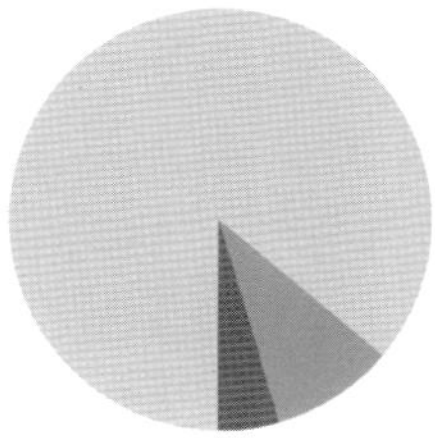

- 161 Einheimische
- 26 Flüchtlinge
- 13 Evakuierte

187 Mädchen gesamt

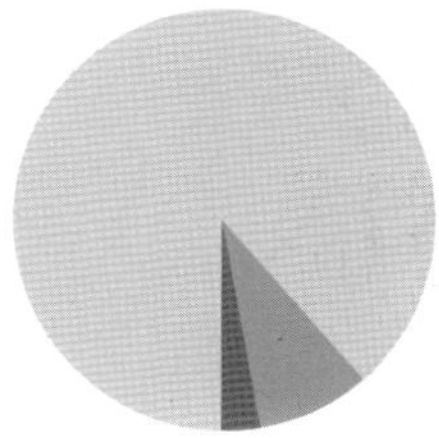

- 164 Einheimische
- 17 Flüchtlinge
- 6 Evakuierte

Löhne-Bahnhof im Jahr 1947

412 Schüler gesamt

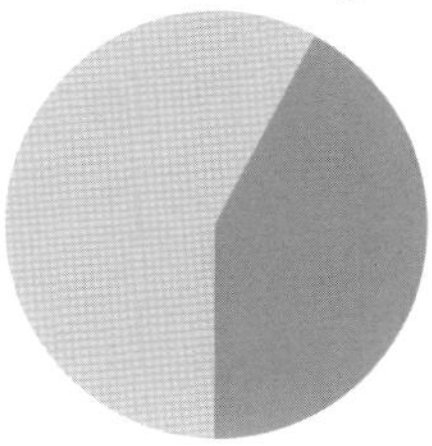

- 219 Knaben
- 193 Mädchen

219 Knaben gesamt

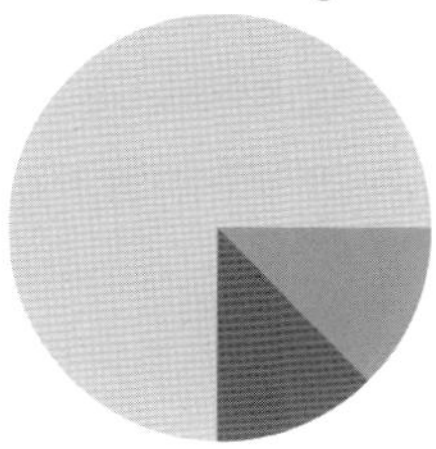

- 162 Einheimische
- 37 Flüchtlinge
- 20 Evakuierte

193 Mädchen gesamt

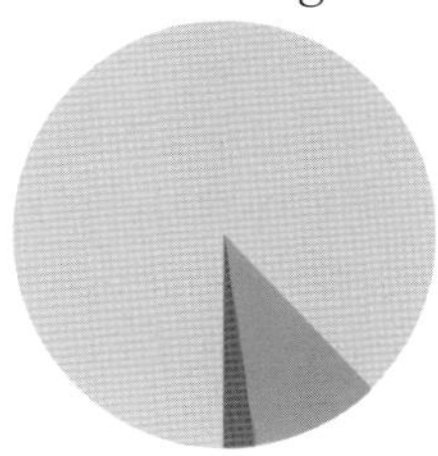

- 165 Einheimische
- 24 Flüchtlinge
- 4 Evakuierte

„Hungerwinter“ an der Else

Hamstern und Tauschhandel waren an der Tagesordnung. Im Bünder Land war mit dem „braunen Gold“ nahezu alles erhältlich. Zeitzeugen erinnern sich

Von Jörg Militzer

Als „Hungerwinter“ werden historisch gesehen mehrere Kälteperioden bezeichnet, wobei dem Winter 1946/47 – nicht nur was die Temperaturen betrifft – wohl eine besondere Rolle zufallen dürfte. Nach einem ausnehmend heißen Sommer ging dieser Jahreswechsel als der kälteste des 20. Jahrhunderts in die Geschichtsbücher ein. Doch was aus heutiger Sicht als ein rein meteorologisches Phänomen erscheinen mag, hatte für die kriegsgebeutelten Mitteleuropäer zum Teil lebensbedrohliche Formen angenommen. Genaue Zahlen der durch Hunger und Kälte dahingerafften Todesopfer jener Tage sind nicht bekannt. Es müssen jedoch Hunderttausende gewesen sein.

Als Nachwirkung des Krieges, des daraus resultierenden Arbeitskräftemangels in der Landwirtschaft und der bereits erwähnten Dürre im vorangegangenen Sommer hinkte die Produktion von Nahrungsmitteln dem tatsächlichen Bedarf weit hinterher. Erschwerend kam für die Deutschen hinzu, dass zahlreiche Anbauflächen im Osten des ehemaligen Reiches nicht mehr genutzt werden konnten, ein Großteil der Bevölkerung von dort aber nach Westen geströmt war und zusätzlichen Bedarf anmeldete.

Was beim Wohnraum durch das engere Zusammenrücken sowie die zwangsweise Einquartierung von Flüchtlingen und Besatzungssoldaten vielleicht noch zu bewerkstelligen war, sah bei Lebensmitteln jedoch ganz anders aus. Die vielerorts einsetzende Kriminalität zur Deckung der Grundbedürfnisse führte dazu, dass selbst die Kirche für die Nöte der Menschen Verständnis zeigte und von dem strikten Befolgen des 7. Gebotes abrückte. Der Kölner Erzbischof Josef Kardinal Frings nahm dazu in seiner Silvesterpredigt 1946 eindeutig Stellung und gab damit den Anstoß, dass „Mundraub und Kohlenklau“ gemeinhin als „fringsen“ bezeichnet wurden.

Auch im Bünder Land waren „Fringsen“, „Hamstern“ und Tauschhandel an der Tagesordnung. So soll etwa an der Bahnlinie im Obrock, zwischen Bünde und Kirchlengern, so manches Stückchen

Zahlreiche Familien brachten ihre selbstangebauten Rüben zur Krautküche der Familie Berger. Der daraus gekochte dickflüssige Sirup diente unter dem Namen „Rübenkraut" als Brotaufstrich und machte das weniger beliebte Maisbrot etwas schmackhafter. Foto: Privatarchiv

In der unlängst abgetragenen Zigarrenfabrik Heipmann, an der heutigen Von-Schütz-Straße in Ennigloh gelegen, richteten die Briten eine Behelfsküche ein, um die Versorgung der vor Ort stationierten Soldaten sicherzustellen. Foto: Museum Bünde

Kohle von den Transportzügen – die den Brennstoff vom Bergwerk aus Ibbenbüren direkt zum EMR-Kraftwerk brachten – „gefallen" sein. Doch neben den relativ einseitigen Vorzügen solcher „Besitzübertragungen" etablierte sich in der Stadt an der Else verhältnismäßig schnell auch eine recht „stabile Währung", die den Schwarzhandel beflügelte, die Zigarre. Nahezu alles schien im Tausch mit dem „braunen Gold" erhältlich gewesen zu sein, und so wundert auch die folgende Anekdote nicht. Als sich bei der Familie Schmeding – die ihr Haus an der Sedanstraße bis 1948 an die britischen Besatzer hatte abtreten müssen – nunmehr in Dünne unerwartet „reichhaltiger" Nachwuchs in Form von zwei Zwillingsbrüdern einstellte, kam die sieben Jahre ältere Schwester ins Grübeln. Schließlich fragte sie den bei Arnold André beschäftigten Herrn Papa, ob denn eine Kiste Zigarren im Tausch für beide Knaben zusammen oder jeweils eine „fällig gewesen wäre".

Aber nicht nur im landwirtschaftlich geprägten Dünne ist in der Erinnerung der damals kindlichen Zeitzeugen kaum von Hunger oder Kälte die Rede. Da ein Großteil der ortsansässigen Bevölkerung ja selbst zu den Erzeugern zählte oder zumindest mit einem Landwirt verwandt war, stellte die Versorgung mit Lebensmitteln meist kein allzu großes Problem dar. Auch der Wohnraum, abgesehen von dem quantitativen Mangel, war im Bünder Land weitestgehend von den Kriegseinwirkungen verschont geblieben und fiel daher rückblickend auch kaum negativ ins Gewicht.

Anders gestaltete sich die Situation bei den „Heimatvertriebenen" aus dem Osten und den aus den zerbombten Regionen, wie etwa dem Ruhrgebiet, zugezogenen „Neu-Bündern". Hier fehlten oft die verwandtschaftlichen Bande sowie der eigene Grund und Boden, auf dem vielleicht auch nur in bescheidenem Rahmen etwas angebaut werden konnte. Viele ergänzten ihren täglichen Speiseplan durch „Hamster-Touren" bis ins Oldenburgische oder tauschten die ihnen verbliebenen letzten Wertgegenstände gegen Lebensmittel ein. Jedes noch seine kleine Gartenstück, aber auch Teile des heutigen Steinmeister-Parkes, wurde kurzerhand in Gartenland verwandelt.

Allen gemeinsam blieben jedoch zum Beispiel die Erinnerungen an das aus Maismehl gebackene Brot, das anhand von Lebensmittelmarken in der staatlich zugeteilten Menge als Grundnahrungsmittel diente. Der im kollektiven Rückblick als „sehr gewöhnungsbedürftig" charakterisierte Geschmack wurde – so weit möglich – durch einen mehr oder minder dicken Aufstrich aus Rübenkraut übertüncht, das wiederum aus selbst angebauten Rüben und unter andauerndem Rühren in der „Krautküche" der Familie Berger in Randringhausen entstand.

Bergers Krautküche lag, wie viele zum Teil weit verstreute landwirtschaftliche Anwesen auch, in einer recht einsamen Gegend. Daher wundert es nicht, dass sich die einzelnen Gemeinden gegen Diebstähle und Plünderungen zu schützen suchten. So soll in Südlengern mit dem gelernten Maurer Gustav Bredenkötter, nach seiner Rückkehr aus der Kriegsgefangenschaft, ein in Diensten der Gemeinde beschäftigter Nachtwächter nach dem Rechten gesehen haben.

Doch nicht nur im Schatten der Dunkelheit wurde in jenen Tagen Unrecht begangen. So manches Schwein ist, um dessen Speck und Fleisch dem über die Lebensmittelmarken organisierten Verteilungsprozess zu entziehen, „schwarz" geschlachtet worden. Peinlich nur, wenn sich ein solch „schwarzes" Schwein auf dem Weg zur (geheimen) Schlachtbank mitten in der Innenstadt losgerissen hatte, wie sich der damals siebenjährige Rolf Henkel erinnert. Zwischen dem damaligen Rathaus an der Hangbaumstraße und dem ehemaligen Finanzamt wurde der rosa Borstenträger durch die Eschstraße verfolgt.

Obwohl heute mit einem Schmunzeln in die Ecke der „Kavaliersdelikte" gerückt, wurden solche Verstöße gegen die von der britischen Militärverwaltung erlassenen Richtlinien durchaus verfolgt und geahndet. Das musste auch der am Tage der „bedingungslosen Kapitulation", also am 8. Mai 1945, seinen 14. Geburts-

Die aus dem Osten stammende Familie Münch bewohnte einige Räume im Obergeschoss der Villa Levison gegenüber des Bünder Marktplatzes. Der dahinter liegende Garten – mitten in der Innenstadt – wurde noch lange zur Gemüseerzeugung bewirtschaftet. Foto: Privatarchiv

tag feiernde Werner Riepe aus Ennigloh erfahren. Hatte er sich bei den Zeiten für die geltenden Ausgangssperren doch um zehn Minuten „verrechnet" und durfte daraufhin eine ganze Nacht im ehemaligen Zellentrakt des Amtsgerichtsgebäudes hinter Schloss und Riegel verbringen.

Aber auch Werner Riepe kann sich nicht an Hunger und Kälte erinnern. Ganz im Gegenteil. Zum einen lag das Haus der Familie außerhalb des von den Engländern beanspruchten Bereiches, und zum anderen half der „Teenager" in der für die Soldaten eingerichteten Behelfsküche. Obwohl er das Kartoffelschälen zu diesem Zeitpunkt nicht wirklich beherrschte, war dies seine erste Tätigkeit in britischen Diensten. Und auch seine Mutter hatte mit dem Waschen der Küchenwäsche eine zusätzliche Einnahmequelle gefunden.

Die Familie genoss daraufhin einige Vergünstigungen. Zum einen durfte der junge Werner täglich Küchenabfälle zur Verpflegung des eigenen Hausschweines mitnehmen, zum anderen meinte es der Koch gut mit ihm und versteckte in den Speiseresten so manche Leckerei, die daheim sorgfältig gereinigt als Sonntagsbraten kredenzt wurde. So partizipierte die Enniglоher Familie an dem Überangebot an Lebens- und Körperpflegemitteln der britischen Streitkräfte, und der heute 85-jährige Zeitzeuge beschreibt diese Zeit als das vielzitierte Leben der „Made im Speck".

Schweine zählten in der Zeit nach dem Zweiten Weltkrieg, wie hier bei Berger in Randringhausen, zu den beliebtesten „Haustieren". Die Schlachtung und Nutzung des Fleisches war jedoch von öffentlichem Interesse und wurde entsprechend kontrolliert. Foto: Privatarchiv

Selbstversorger aus Not

Der 90-jährige Kurt Reineke aus Spenge-Lenzinghausen erinnert sich noch gut an die Hungerjahre

Von Karin Wessler

Als Kurt Reineke am 3. November 1946 endlich wieder vor dem Haus seiner Eltern in Lenzinghausen stand, war er ausgelaugt, müde und vor allem eins – unglaublich hungrig. Vier Wochen zuvor war es ihm gelungen, sich aus französischer Gefangenschaft „davonzuschleichen". Zu Fuß war er dann über Luxemburg bis nach Spenge marschiert.

„Meine Mutter hat mich gar nicht wiedererkannt", erinnert sich Reineke noch heute ganz genau. So dreckig und ausgezehrt war er nach Krieg, Gefangenschaft und dem langen Marsch nach Hause. Und ausweisen konnte er sich obendrein auch nicht. Seine Papiere hatte er bei seiner Flucht natürlich nicht mitnehmen können. Aber schließlich schloss ihn die Mutter doch in die Arme. „Eine Mutter vergisst ihr eigen Fleisch und Blut eben doch nicht", sagt der heute 90-Jährige rückblickend.

Während er selbst vor allem auf einen gut gefüllten Teller hoffte, steckte seine Mutter ihn aber erst einmal in die große 60-Liter-Zinkwanne und schrubbte ihn ordentlich ab. „Dann endlich gab es ein

Viele Erinnerungen: Kurt Reineke aus Lenzinghausen hat seine Erlebnisse aufgeschrieben und viele Erinnerungen in mehreren Ordnern abgeheftet. Foto: Karin Wessler

gutes Essen", erinnert sich Reineke an diesen Tag. Die Hoffnung, dass er von nun an wieder regelmäßig eine warme Mahlzeit vorgesetzt bekommen würde, zerschlug sich aber schon am nächsten Tag. Im Hungerwinter 1946/47 waren die Lebensmittel rar und nur gegen die Vorlage von Lebensmittelmarken zu bekommen. Für das Festessen zur Rückkehr des Sohnes am Vortag, so erfuhr der junge Kurt Reineke später, hatte seine Mutter die Rationen für drei Personen für drei Wochen geopfert ...

Das letzte Festessen hatte der junge Soldat fast genau ein Jahr zuvor, an Heiligabend des Jahres 1945, vorgesetzt bekommen. „Ich war damals schon in französischer Kriegsgefangenschaft, zusammen mit 17 weiteren Kameraden", erzählt er. „Zur Feier des Tages hatte der ‚Patron', für den wir arbeiten mussten, zwei Hühner schlachten und für uns zubereiten lassen." Viel war es nicht, was jeder davon auf den Teller bekam – und doch waren alle sehr dankbar für diese Geste.

Auch an das Weihnachtsfest im Jahr davor, 1944, kann sich der 90-Jährige noch gut erinnern. „Kurz zuvor hatten wir erfahren, dass mein Vater im Krieg gefallen ist", berichtet Reineke. „Meine Mutter, meine beiden Schwestern und ich trauerten noch um ihn." Damals war Kurt Reineke 18 Jahre alt und gerade im ersten Semester an einer Technikerschule. „Ich war also noch blutjung, als mich der Landrat Ende 1944 zum sogenannten ‚Langfristigen Notdienst' abkommandierte." Zur Grundausbildung ging es zunächst nach Danzig, später zur weiteren Ausbildung nach Berlin. „Dort haben wir das Weihnachtsfest 1944 gefeiert. Es war überhaupt nichts Besonderes, was zu diesem Weihnachtsfest aufgetischt wurde. Es gab auch keinen geschmückten Weihnachtsbaum, aber wir hatten unsere besten Uniformen an. Und es gab Musik!"

Das Kriegsende erlebte Kurt Reineke schließlich in Italien, in der Nähe von Florenz. Er kam zunächst in amerikanische Kriegsgefangenschaft, später übergaben die Amerikaner ihn an die Franzosen. So kam er schließlich zum „Patron" in Luneville, wo er als Autoschlosser in einer Werkstatt arbeiten konnte. Weil er

In seinem Büro: Der 90-jährige Kurt Reineke erinnert sich noch lebhaft an Kriegs- und Nachkriegsjahre.
Foto: Karin Wessler

Vor dem elterlichen Haus: Ein Foto mit der Mutter. Foto: Privatarchiv

Mit dem Vater: Kurt Reineke als junger Mann. Foto: Privatarchiv

dort immer mal wieder ein wenig Benzin abzweigen und heimlich verkaufen konnte, war er zu etwas Bargeld gekommen – mit dem er sich schließlich die Flucht finanzieren konnte.

Von Luneville nach Lenzinghausen war es allerdings ein langer Weg. Zweimal wurde er unterwegs eingekerkert, musste bei Wasser und Brot darben. Weil er so hungrig war, klaute er eines Tages eine Konservendose – was ihm prompt wieder einen Gefängnisaufenthalt einbrachte.

Kein Wunder also, dass sich der junge Mann wohl mit am meisten auf ein ordentliches Essen daheim freute. Doch gerade im Winter 1946/47 waren auch im Haus Reineke die Teller selten gut gefüllt. „Die Rente für Kriegshinterbliebene war karg. Aber es gab ja den Gemüsegarten."

In dem wurden noch viele Jahre nach Kriegsende Kartoffeln und Getreide angebaut – und Klee. „Denn wir haben damals auch noch zwei Schweine gemästet", erinnert sich der Lenzinghausener. Eines wurde immer zu Beginn der kalten Jahreszeit geschlachtet. „Das andere dann, wenn alles Futter aufgebraucht war." Dann wog das Schwein drei bis vier Zentner und hatte eine schöne dicke Speckschwarte angesetzt.

„Die älteste Schwester meiner Mutter war eine begnadete Wursterin, die hat in vielen Haushalten in Lenzinghausen nach dem Schlachten die Wurst gemacht", erinnert sich Reineke. Und auch daran, wie sie die Schinken in einem Trog zur Konservierung eingesalzen hat.

„Durch die dicken Speckschwarten wurden Löcher gebohrt, durch die ein Band gezogen wurde", erzählt der Rentner. An dem Band baumelte ein Zettel mit dem Namen des Besitzers, damit jeder Schinken nach dem Räuchern bei Schlachter Kronsbein zum rechtmäßigen Besitzer zurückkam.

Im Hause Reineke wurde der Schinken nach dem Räuchern luftig auf dem Dachboden aufgehängt. „Immer wenn eine Suppe gekocht wurde, schnitt meine Mutter eine Scheibe ab und tat sie mit in den Topf", erinnert sich der Sohn noch heute. Den erkalteten Speck gab es dann als deftigen Brotbelag.

Ende Mai 1947 erhielt Kurt Reineke dann ein Schreiben der Behörden, das ihn offiziell aus der Kriegsgefangenschaft entließ. „Da habe ich schon längst bei den Benteler-Werken in Bielefeld gearbeitet", schmunzelt Reineke rückblickend.

Mit einem seiner Söhne fuhr Kurt Reineke viele Jahre nach Kriegsende noch einmal nach Frankreich, um den „Patron" zu besuchen. „Da haben wir gemeinsam darüber lachen können, dass wir Kriegsgefangenen seinerzeit heimlich ein Loch in die Wand zum Kartoffelkeller gebohrt hatten, um von dort die Erdäpfel zu stibitzen." Das Loch hatte der Patron zumindest damals noch nicht wieder verputzt – als Erinnerung und Mahnung, dass es niemals mehr zu einem Krieg mit all seinen schrecklichen Folgen kommen sollte.

Undefinierbares Bunkerfett

Hungerwinter in Herford: Günter Schewe aus Herford-Diebrock erinnert sich

Von Lothar Nenz

Schnee gab es reichlich. Das Thermometer zeigte konstant Minusgrade, weiß der 88-jährige Günter Schewe, als sei es gestern gewesen. Der Winter 1946/47 war mehr als hart, dicke Eisblumen an den Fenstern hinderten am Blick nach draußen, an Wänden und Decken der Schlafräume glitzerten Eiskristalle. Ausnahme die Wohnküche. Als einzigem Raum im Haus sorgte hier die Kochmaschine für mollige Wärme. Unser Zuhause war Hollmanns Kotten in Hollinde, einem Ortsteil der damals noch eigenständigen Gemeinde Diebrock. Vater war Gemeindearbeiter, Mutter Hausfrau und natürlich auf Abruf Hilfe auf Hollmanns Hof, denn dazu waren die Eltern als Köttersleute verpflichtet. Mit den Eltern, meinen vier Geschwistern, der Großmutter und vier Tanten waren wir immer ein Dutzend Leute am Familientisch. Heute ist das kaum noch vorstellbar.

Bekannt: Durch sein berufliches und ehrenamtliches Engagement ist heute Günter Schewe vielen Diebrockern und Herringhausern ein Begriff.
Foto: Lothar Nenz

Und es gab doch nichts. Wir beackerten etwas Gartenland und fütterten zwei Schweine fett, aber Schmalhans war dennoch ständig bei uns Küchenmeister. Schwester Ilse rührte aus Grieß und irgendwelchen fettigen Sachen mengenweise einen Brotaufstrich zusammen. Das „Bunkerfett" schmeckte sogar.

Woher Mutter und Oma die Zutaten für die Weihnachtsplätzchen hatten, wissen die Götter. Ich weiß nur noch, dass es im Haus duftete – es aber Weihnachten keine Plätzchen gab. Wir hatten das Versteck entdeckt und zum Ärger von Muttern alle restlos verputzt. Dafür hatten wir an Weihnachten ohne ständige Holzhackerei eine warme Küche. Bruder Werner und ich waren im Dunkeln mit dem Bollerwagen an den Bahndamm gezogen. Dort warteten wir auf Kohlenzüge, die aus dem Ruhrgebiet gen Osten fuhren. Meist mussten sie vor der Durchfahrt durch den Herforder Bahnhof halten. Diesen Stopp nutzten wir. Rauf auf den Waggon, schnell Briketts eingesackt und den Sack an den Bahndamm geworfen, dann flott hinterher, damit sich kein anderer die Beute unter den Nagel reißen konnte.

Anders als heute waren unsere Weihnachtsgeschenke mehr als bescheiden. Socken, Schals, Mützen und Handschuhe, aus aufgeribbelter Wolle gestrickt, das war die ganze Herrlichkeit. Aber ich habe - denke ich mal - nichts vermisst. Und anders als heute war die Bescherung am frühen Morgen des ersten Weihnachtstages, direkt nach dem Aufstehen.

Damals war ich 18 Jahre alt. Nach Flakhelfereinsatz in Essen und Hilfsarbeiten auf Hollmanns Hof konnte ich ab Sommer 1946 in der Elverdisser Möbelfabrik Gottlieb Müller die unterbrochene Lehre fortsetzen.

Lange habe ich nicht als Tischler gearbeitet. Mir bot sich die Gelegenheit, zusammen mit Ehefrau Irmgard die Aufgabe des Hausmeisters an der neuen Diebrocker Volks- und späteren Hauptschule zu übernehmen. Dort sind unsere drei Kinder groß geworden.

An die Schule war das Feuerwehrgerätehaus der Freiwilligen Feuerwehr Diebrock angebaut, in die ich im Sommer 1945 eingetreten war. Fast 20 Jahre lang habe ich als Oberbrandmeister die Geschicke der Löschgruppe geleitet.

Pause: Günter Schewe als Lehrling der Möbelfabrik Gottlieb Müller mit Kollegen. Die Aufnahme stammt aus dem Oktober 1946. Foto: Privatarchiv

Gefährlich: Das „Besorgen" der Briketts von den Güterzügen war riskant. Keiner wusste, wie lange der Zug hielt, und erwischen lassen wollte man sich auch nicht. Zeichnung: Lothar Nenz

Schweinekartoffeln und Eisblumen

Gehungert hat Gerda Böckstiegel (85) im Winter 1946/1947 nicht, sie kann sich aber daran erinnern, wie ihr Atem im Bett gefror

Von Sylvia Tetmeyer

„Wir bewirtschafteten ein großes Stück Land auf dem Dorffeld. Da wurden Kartoffeln, Steckrüben, Getreide und Bohnen angebaut", erzählt Gerda Böckstiegel. Hungern musste die 85-Jährige deshalb im Nachkriegswinter nicht, dafür erinnert sie sich an die eisige Kälte, die im Schlafzimmer herrschte. „Wir hatten dort ja keine Heizung. Der Atem fror fest. Am Fenster waren Eisblumen", erzählt die Jöllenbeckerin. Um es ein bisschen wärmer zu haben, hätten die Eltern Backsteine in den Ofen gelegt. Die kamen dann, umwickelt mit Handtüchern, ins Bett. Manchmal gab es stattdessen auch einen Sandsack. Von 1937 bis 1945 besuchte Gerda die Volksschule Auf dem Tie. Anschließend wurde sie konfirmiert, ihr Bruder Arnold wurde am selben Abend eingezogen. „Wir wussten nicht, wo er war. Er kam erst im Spätsommer 1945 wieder."

Gerda Böckstiegel hat viele Haushaltsgegenstände aus der Nachkriegszeit aufgehoben. Foto: Sylvia Tetmeyer

Böckstiegels waren seit Mitte des 19. Jahrhunderts Kohlenhändler, beheizt wurde aber nur die Küche. Dort stand der große Kohleofen, auf dem schon morgens die Suppe blubberte. „Die Män-

Helga Böckstiegel steht am Behälter, in dem die Schweinekartoffeln gekocht wurden. Anni Grohmann zeigt die Holzschuhe, die damals getragen wurden. Foto: Sylvia Tetmeyer

ner stellten sich häufig an den Ofen, um sich den Rücken zu wärmen", sagt Gerda Böckstiegel.

Die Stückkohlen und Briketts wurden mit der Kleinbahn angeliefert. Der Bahnhof befand sich auf der gegenüberliegenden Straßenseite. Wilhelm Böckstiegel hatte 1911 mit seinen Söhnen das alte Fachwerkhaus abgebrochen und ein neues Wohnhaus direkt an der Dorfstraße errichtet. Er ließ vor dem Haus eine Fuhrwerkswaage mit Wiegehäuschen bauen. „Per Hand wurden die Kohlen in den Bollerwagen geladen", berichtet Enkelin Gerda. Kohlen seien damals sehr wichtig gewesen, damit die Menschen kochen konnten. Sie dienten auch als Währung, um an Lebensmittel zu kommen. Die Familie habe zwei Pferde, eine Kuh, Schweine und Hühner besessen. Reihum sei geschlachtet worden. „Das fing meistens im November an", sagt Helga Böckstiegel. Ihr Ehemann Ulrich ist der Neffe von Gerda, die nie geheiratet hat. Zum typischen Winteressen gehörten Fitzebohnen und Steckrüben. Vom Schwein wurden auch Schwanz und Füße verwendet. „Wichtig war ein dickes Stück Speck", erzählt die Jöllenbeckerin. Was nicht gegessen wurde, kam abends noch einmal auf den Tisch. Die 85-Jährige erinnert sich daran, dass ihr Vater Gustav von morgens bis abends gearbeitet hat: „Vater war für alle da. Feierabend gab es nicht." Sie selber musste nach der Schule mithelfen. Nur am Sonntag wurden die Pferde angespannt – und es ging auf Verwandtenbesuch.

Die Helfer, die die Kohlen in Säcke füllen, freuten sich, dass sie mittags eine warme Mahlzeit erhielten, sodass sie auch den Hungerwinter gut überstehen konnten. „Arbeit gegen Essen", so lautete die Devise. Gesprochen wurde fast ausschließlich Plattdeutsch. Arnold Böckstiegel führte den Kohlenhandel bis 1974. Im vergangenen Jahr starb der langjährige Leiter des „Plattdeutschen Gesprächskreises", der zunächst eine kaufmännische Lehre machte und dann im Holzhandel tätig war.

Nach dem Krieg waren nacheinander mehrere Flüchtlingsfamilien im Obergeschoss des Wohnhauses untergebracht. Aus der Bielefelder Innenstadt kamen die Menschen in die Randgebiete, um etwas Essbares aufzutreiben oder Kohlen zu ergattern, die sie wiederum gegen Brot oder Butter tauschen konnten. Die Eltern von Anni Grohmann (82) hatten eine kleine Landwirtschaft und eine Schmiede. Sie erinnert sich daran, dass bereits morgens um 8 Uhr der „Mittagspott" aufgesetzt wurde, meistens mit Fitzebohnen. „Wenn man hatte, kam ein Stück Speck rein oder Wurst", berichtet sie. Ein Höhepunkt sei der Vanillepudding am Sonntag gewesen. „Wir hatten eigentlich immer Hunger", sagt die Jöllenbeckerin. Gehungert habe ihre Familie zwar auch nicht, die Bezugsscheine seien jedoch nie ausreichend gewesen. „Speck war ganz wichtig", meint Gerda Böckstiegel. Bevor ein Schwein geschlachtet wurde, habe es besonders viel Futter bekommen, damit sich eine dicke Speckschicht bildete. Wer wann schlachten durfte, sei genau festgelegt gewesen. Nicht alle hätten sich daran gehalten. „Wir haben aber nie schwarz geschlachtet", versichert die 85-Jährige. Wenn gewurstet wurde, kam die Verwandtschaft zusammen. „Keiner ging hinterher weg, ohne eine Wurst in der Tasche zu haben", versichert die freundliche Brillenträgerin mit den schlohweißen Haaren.

Eine Erinnerung verbindet sie mit ihrer Freundin Anni Grohmann. „Die Schweinekartoffeln schmeckten am besten. Sie wurden mit einer Quetsche zerdrückt. Das war wie Kartoffelbrei", berichten die Seniorinnen. Bis heute steht der Behälter, in dem die Knollen gekocht wurden, im Keller des Hauses an der Dorfstraße 4. Auch die Holzschuhe, Sauerkrautfässer, Zinkwannen, Kaffeemühlen und viele weitere Gegenstände aus der Nachkriegszeit bewahren ihren Platz im Wohnhaus. An ein einschneidendes Erlebnis erinnerte sich Gerda Böckstiegel nach dem Hungerwinter: Die Kohlenscheune brannte 1948 ab. Noch im selben Jahr ließ ihr Vater eine neue, große Scheune bauen.

Hochzeit von Erna und Julius Bleikamp. Gerda sitzt vorne bei Vater Gustav auf dem Schoß, Arnold vorne in der Mitte vor der Braut. Foto: Privatarchiv

Das Foto entstand in den 1920er Jahren vor dem Wohnhaus Böckstiegel.
Links steht die Kohlen-Fachwerkscheune. Foto: Privatarchiv

Sonntag ging es mit der Kutsche zur Tante. Da wurde Lappenpickert gebacken.
Vorne ist Gerda zu sehen. Foto: Privatarchiv

Gerda Böckstiegel (links) mit ihrer Freundin Gerda Hildebrand Ende der 1930er Jahre. Foto: Privatarchiv

Jan (Mitarbeiter), Gerda, Arnold, Frieda, Gustav und Wilhelm Böckstiegel (v.l.). Foto: Privatarchiv

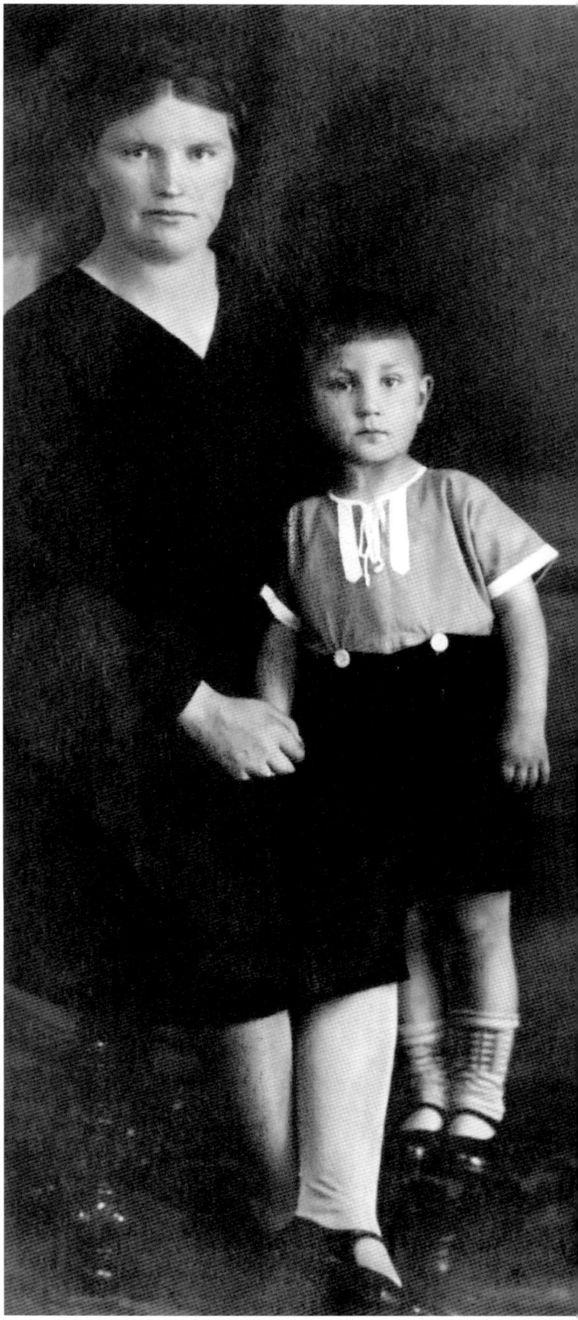

Frieda Böckstiegel mit Sohn Arnold in den 1930er Jahren. Foto: Privatarchiv

Ziegenbutter als wertvolles Tauschgut

Hanna Druffel und Rudi Strunk sind Nachbarskinder gewesen. Beiden ist vor allem der süße Geschmack von Schokolade kurz nach dem Krieg in Erinnerung geblieben

Von Karin Prignitz

Die erste Schokolade ihres Lebens bekam Hanna Druffel „von einem amerikanischen Soldaten auf dem Marktplatz". Heimlich weggeschlichen hatte sich die damals 14-Jährige, denn zu Hause war ihr eingebläut worden: „Geh nicht dorthin, das sind ganz Schlimme."

Hanna Druffel und die anderen Kinder in der Nachbarschaft nahmen dennoch allen Mut zusammen, denn ein Stück Süßigkeit zu bekommen, diese Aussicht ließ alle Bedenken vergessen. „Durch einen Waldpatt sind wir gelaufen", erinnert sich die Leopoldshöherin. Der erste Soldat, den sie auf dem Marktplatz in Leopoldshöhe trafen, war ein farbiger Amerikaner, „der komisch sprach". Er empfing die Kinder freundlich und brach für jeden ein dickes Stück einer Blockschokolade durch. „Alle folgenden Tage haben wir uns wieder dorthin geschlichen", das hat Hanna Druffel nie vergessen. Ebenso gut kann sie sich an die große Enttäuschung erinnern, als die Amerikaner mit ihren Fahrzeugen schon nach ein paar Tagen wieder abzogen und

Wie früher: Hanna Druffel und Rudi Strunk vor dem Heimathaus in Leopoldshöhe. Sie haben einige der Utensilien herausgeholt, die während und auch nach dem Krieg genutzt worden sind. Beispielsweise eine Zentrifuge, eine Butterkerne und ein Butterfass. Fotos: Karin Prignitz

an ihrer Stelle die Briten kamen. „Von denen haben wir nie etwas bekommen."

Also begnügten sich die Menschen auf dem Land mit dem, was auf den Feldern und im Garten wuchs. Ziegen, die fast jede Familie auf dem Land hatte, gaben Milch. „Der Schmand wurde gesammelt", erzählt Hanna Druffel. Aus ihm wurde mit der Zentrifuge Butter gemacht. „Milch in die Butterkerne, Pömpel drauf, immer rauf und runter, bis sich das Fett von der Molke trennte", so beschreibt die heute 83-Jährige den mühseligen Akt. Doch der war schon alleine deshalb nötig, „weil sich Ziegenbutter ganz besonders zum Kungeln eignete", also dazu, andere Dinge dafür einzutauschen. Fleisch beispielsweise, das in dünnen Lappen durch den Fleischwolf gedreht und warm gegessen wurde.

„Die eigentliche Tauschwährung waren Zigaretten", erzählt Rudi Strunk. „Dafür konnte man fast alles kriegen." Also wuchs die krautige Pflanze in den meisten Gärten in der Region. Aber auch das Bild von den Kneipensälen, in denen die Nationalsozialisten Tabakballen, Stoffe und Schuhe gebunkert hatten, ist dem 77-Jährigen im Gedächtnis geblieben. „Als bekannt wurde, dass die Amerikaner im benachbarten Oerlinghausen waren, sind die Säle geplündert worden." Rudi Strunk erzählt von einem Bekannten, der sein Pferd vor die Kippkarre gespannt hatte und mit dem Onkel aus Köln nach Heipke fuhr. „Der Onkel wurde später verurteilt", der Neffe kam davon, weil er erst 15 war. Sein Konfirmationsanzug sei auch Beuteware gewesen, sagt Strunk, und Hanna Druffel weiß noch, wie samtig sich der glänzende Spiegelstoff anfühlte, der aus Uniformen geschnitten und zu Kleidern umgenäht wurde. „Die sahen herrlich aus." Weniger angenehm waren Socken und Pullover, die aus aufgerebbelten Zuckersäcken gestrickt wurden. „Ein borstiges Material, das unglaublich gekratzt hat." Hanna Druffel erinnert sich an Tauschzentralen, die eingerichtet worden waren. Sie selbst versuchte dort Schuhe zu tauschen, die ihre Mutter vorausschauend zwei Nummern zu groß gekauft hatte. „Die Größe habe ich heute noch nicht."

Viele Bielefelder, die zum Betteln kamen, hatten es vor allem auf Essbares abgesehen. „Und irgend etwas haben sie immer bekommen", betont Hanna Druffel. Vom Rübenkraut etwa, das selbst hergestellt wurde. „Die Zuckerrüben kamen in eine große Zinkbadewanne und wurden geschrubbt." Eine furchtbare Arbeit sei das gewesen. Nach dem Kochen und Pressen floss der Saft in einen Schweinepott. „Durch ständiges Rühren und das Verdampfen des Wassers entstand das dickflüssige Rübenkraut." Auch über lippischen Pickert hätten sich die Städter wohl mächtig gefreut. Auch wenn die seinerzeit statt mit zwölf höchstens mit vier Eiern gebacken wurden.

Weil schon im und auch kurz nach dem Krieg einfach alles verwertet wurde,

Frisch gestrichen: In der Deele des Heimathauses steht eine alte Ölmühle.

kam in manch einer Familie der Ziegenkopf in den großen Topf, um ihn zu kochen und Suppe daraus zu gewinnen. Rudi Strunk hat den unangenehmen Geruch noch in der Nase. „Das hat im ganzen Haus gestunken." Und seine Oma wusste auch, warum: „Muss wohl ein Bock gewesen sein." In Erinnerung geblieben ist dem 77-Jährigen auch, dass Mutter und Oma ein Stück Schwarte wochenlang nutzten, um die Pfanne damit einzufetten. „So wertvoll war Fett damals."

Im Leopoldshöher Heimathaus ist eine breite Auswahl an Maschinen und Utensilien zu finden, die die Menschen in einer Zeit, in der man von reich bestückten Lebensmittelregalen noch weit entfernt war, nutzten. Alte Milchkannen stehen und hängen dort, eine alte Ölpresse und vieles mehr. Beim Blick auf die Zinkwanne fällt Hanna Druffel, die seinerzeit das Kindermädchen von Rudi Strunk war, ein, dass das Wasser aus dem Brunnen gezogen wurde und die Familienmitglieder einmal in der Woche badeten. „Alle gingen nach und nach rein und wurden abgeschrubbt. Opa kam zuletzt."

„Ganz ums Haus mussten wir das Wasser schlüren", erzählt Rudi Strunk. Wenn er an die kargen, arbeitsreichen Jahre zurückdenkt, dann fällt ihm auf, dass damals nicht nur sparsam mit allem umgegangen wurde, „es gab auch überhaupt keinen Müll". Weil einfach alles verwertet wurde. Mit Asche, Kohle und Briketts seien Schlaglöcher gefüllt worden. „Briketts wurden vorher in Zeitungspapier gewickelt, damit sie länger hielten." Überhaupt galt die Zeitung zu dieser Zeit als beliebtes Material. Als Geschenkpapier „zum Eiereinwickeln", als Klopapier, das in Stücke geschnitten an den Nagel gehängt wurde. „Nichts blieb davon übrig", bestätigt Rudi Strunk.

Und selbst das, was im Plumsklo landete, wurde genutzt. „Zweimal im Jahr wurde der Bottich leergefahren", sagt Hanna Druffel, „und kam als Dünger aufs Feld." Längst nicht so gestunken wie Gülle habe dieser natürliche Dung. Rudi Strunk fällt beim Stichwort Plumsklo ein Witz ein, der damals die Runde machte: „Du musst mittags gehen, dann sind alle Fliegen bei Oma in der Küche."

Sammlung: Viele alte Milchkannen stehen auf Regalen oder hängen darunter. Früher haben sie in jedem Haushalt dazugehört.

Rezept für lippischen Pickert

1 Kilo Mehl
10 bis 12 Eier
ein Päckchen Hefe
Salz und Zucker
nach Geschmack
½ Liter Milch
5 mittelgroße Kartoffeln
Öl
1,5 Päckchen Rosinen

Daraus 50 bis 55 kleine Pickerts formen und mit Rübenkraut, Leberwurst oder Butter bestreichen.

Der Genuss von Bauernbrot und Rübenkraut

Heinz Tölke hat nach dem frühen Tod des Vaters seiner Mutter zur Seite gestanden. Schon als 14-Jähriger hat er Möhreneintopf gekocht

Von Karin Prignitz

Der Genuss eines Butterbrotes mit Rübenkraut am Morgen, nachdem er abends hungrig ins Bett gehen musste, fällt Heinz Tölke zuerst ein, wenn er über die Zeit nach dem Zweiten Weltkrieg erzählt. „Noch heute esse ich das gerne." 14 Jahre alt war er, als er im Oktober 1945 in die Lehre als Schuhmacher nach Neuhaus kam.

Porträtbild Heinz Tölke. Foto: Karin Prignitz

Nach Feierabend fing die Arbeit erst richtig an. Wie so viele andere half Heinz Tölke mit, Schutt zu schaufeln, „denn Paderborn war ja zu 80 Prozent zerstört", erzählt der 85-Jährige. „Mein Arbeitsplatz war meist im Paderborner Dom, dort, wo heute der Hochaltar steht." Auch in seiner Heimatstadt Stukenbrock hatte der Krieg seine unerbittlichen Spuren, verbunden mit großer Trauer, hinterlassen.

3.869 Menschen lebten im heutigen Ortsteil von Schloß Holte-Stukenbrock, „fast ein Drittel davon waren Evakuierte, Bombengeschädigte und Vertriebene". Während des Krieges seien 101 Männer gefallen, das hat Heinz Tölke als Ortsheimatpfleger den alten Unterlagen entnommen. „Viele andere waren noch in Gefangenschaft, die ausländischen Kriegsgefangenen nicht mehr da." Also hätten die Frauen sehen müssen, „dass sie die Ernte alleine einholen".

Zwar ging es den Menschen in ländlich geprägten Gebieten besser als den Städtern, weil sie sich selbst versorgen

Brüder: Heinz Tölke (l.) mit seinem drei Jahre jüngeren Bruder Konrad. Foto: Privatarchiv

konnten. Dennoch gab das eigene Feld oder der Garten nicht alles her. Also wurde versucht, das Fehlende mit Lebensmittelmarken zu erstehen oder zu ertauschen. „Die ärgsten Hungerjahre waren die von 1945 bis 1948 zur Währungsreform“, erzählt Heinz Tölke. „1947 war das schlimmste Jahr.“ Noch gut kann er sich daran erinnern, mit wie wenig man zufrieden sein musste. „Drei Pfund Brot, 100 Gramm Fleisch, 125 Gramm Zucker, 62,5 Gramm Butter, 25 Gramm Kaffee pro Person und Woche.“ Beim Kaffee „durfte die Tüte nicht mitgewogen werden“.

Zu Hause wurde das Sauerkraut selbst gestampft, Rübenkraut mit der eigenen Presse hergestellt und Öl aus Bucheckern gewonnen. Sauer eingelegte „Fitzebohnen“ mit Kartoffeln gemischt gab es, Möhreneintopf, Erbsensuppe oder Milchsuppe mit Nudeln. Überhaupt gehörten Suppen in allen Variationen zum täglichen Speiseplan. Solche, in denen die Reste der Brotkruste eingeweicht wurden, oder die sogenannte „Klünternsuppe“, bei der das mit Wasser oder Milch angerührte Mehl langsam unter Rühren in die kochende Milch gegeben wurde. So entstanden die Klüntern als Nudelersatz. „Eine Zeitlang“, erzählt Heinz Tölke, „gab es schönes gelbes Maisbrot.“ Schnell sei man davon satt geworden, „aber man hat sich ebenso schnell leid dran gegessen“. Um überhaupt kochen zu können, musste das Holz für den Herd mit dem Bollerwagen aus dem Wald geholt werden. „Die Wälder“, erzählt Heinz Tölke, „waren damals wie leergefegt.“ Noch nicht einmal mehr trockene Zweige hätten zu dieser Zeit herumgelegen. Der Kessel für das Schweinefutter und der Waschkessel wurden mit zusammengepressten Bündeln aus Fichtenreisig, sogenannte Buschen, beheizt. Kohlen waren begehrt und Heinz Tölke muss heute noch oft an die Kohlenzüge denken, die in geheimer Mission gestoppt wurden.

Eingeweihte, die genau wussten, wann der Zug auf seiner Strecke von Paderborn nach Bielefeld den Ort passierte, seien „bei Nacht und Nebel mit dem Bollerwagen und Säcken“ hingepirscht. „Das Haltesignal des Zuges wurde festgebunden, damit es nicht auf Grün schalten konnte.“ Die nächtlichen „Diebe“ hätten mit Sturmlaternen auf den Gleisen gestanden, „um den Zug zum Halten zu bringen“. Die Klappen wurden aufgeschlagen, die Kohlen herausgeholt. „Zu Hause wurden sie unter Heu und Stroh versteckt.“ So war das damals, „aus der Not heraus“.

Als „Kuh des kleinen Mannes“ hielten sich viele Bewohner Ziegen. Schnaps, „der sogenannte Balkenbrand“, wurde in der Regel verbotenerweise auf dem Dachboden aus Kartoffeln oder Rüben gebrannt. Nicht ungefährlich sei das gewesen, sagt der Stukenbrocker. Man habe gehört, „dass einige Leute richtig krank nach dem

Gertrud Tölke: Die Mutter von Heinz Tölke beim Schmieren von Butterbroten mit selbstgemachtem Rübenkraut. Foto: Privatarchiv

Schmerzerfüllt teilen wir Ihnen mit,dass heute früh 7 Uhr unser

L e t z t e s   B r o t

im Alter von nahezu 4 Tagen verschieden ist.
Es folgte ihm gleichzeitig das letzte achtel Butter in die Ewigkeit.

Mit knurrendem Magen werden wir Ihrer stets gedenken.

In tiefer Trauer

Karl Hunger und Frau Luise geb.Fleischlos
Willi Hunger und Frau Anna geb.Ohnefett
Erich Hunger und Frau Elise geb.Eiermangel
August Hunger und Frau Olga geb.Magermilch
Erna Kartoffelknapp als Braut.

B A D   E L E N D,im Kalorienjahr 1947
Steckrübenstrasse 13.

(Altes Dokument) aus dem Jahre 1947
abgeschrieben am 14.Mai 1950
Verfasser unbekannt

Gedicht von Heinz Tölke.

Genuss geworden sind", aber Genaues habe natürlich niemand gewusst.

Zum täglichen Überlebenskampf gehörte immer auch ein Quäntchen Glück. Etwa wenn es darum ging, beim Bauern selbstgebackenes Brot zu ergattern. Für solche Lebensmittelschätze brauchte es aber genügend Tauschmaterial. „Man musste immer sehen, dass man was zum Kungeln hatte", bestätigt Heinz Tölke in verständlichem Heimatdialekt. Die Frau mit der Wolldecke, die nach ihm kam, ist dem heute 85-Jährigen in Erinnerung geblieben. „Die Decke hat sie dagelassen und Brot dafür bekommen."

Er selbst ging leer aus. Zunächst. Das Geld, das er dabei hatte, war nichts wert. Später tauschte er ein Paket Tabak gegen Roggen. „Den haben wir später zur Mühle gebracht." Aus dem Mehl wurde Brot gebacken. „Der eine hatte was, was der andere nicht hatte", sagt Heinz Tölke, „aber eigentlich musste jeder sehen, dass er zu Rande kam." Manchmal seien Städter gekommen mit Schmuck, Porzellan und Bildern, die sie den Bauern anboten. „Manch ein Landwirt hat noch heute ein Bild aus dieser Zeit an der Wand hängen."

Auf den Feldern wuchsen damals nicht nur Korn und Kartoffeln, sondern auch Tabakpflanzen. Als Pfeifentabak oder für die selbstgedrehte Zigarette. „Siedlerstolz nannte man den Tabak", weiß Heinz Tölke und erzählt von den qualmenden Arbeitern, die mit dem Zug zur Arbeit fahren wollten und im Wartesaal des Bahnhofs die Zeit überbrückten. „Manchmal war es dort so nebelig, dass der eine den anderen nicht mehr sehen konnte."

Schon früh, mit nur 42 Jahren, war der Vater von Heinz Tölke im Jahr 1941 gestorben, die Mutter war mit fünf Kindern alleine. Als Hebamme musste sie neben der Familie und dem Haushalt ihren Dienst verrichten. Und zwar mit dem Fahrrad und in einem Gebiet, das von Stukenbrock bis nach Stukenbrock-Senne, Liemke und Hövelriege reichte. Als Ältester der Geschwister übernahm Heinz Tölke früh Verantwortung. „Schon mit 14 Jahren konnte ich Möhreneintopf kochen."

Und er trat beruflich in die Fußstapfen des Vaters. Bereits im Jahr 1928 hatte der eine Schuhmacherwerkstatt mit einem kleinen Laden eröffnet. Weil Heinz Tölke noch zu jung war, um ihn zu übernehmen, wurde er zunächst an einen Schuhmacher aus Köln vermietet. Von Januar 1952 bis zum November 1987 führte Heinz Tölke das Geschäft, mittlerweile sein Sohn Johannes und seine Enkeltochter Magdalena in dritter und vierter Generation.

Maispampe, Muckefuck und ein Weihnachtswunder

Die Gütersloherin Gisela Schneider erlebte den Hungerwinter als junge Frau am eigenen Leibe. Neben vielen Entbehrungen erfuhr sie auch Hilfsbereitschaft und Nächstenliebe

Von Michael Schuh

Der Krieg war erst anderthalb Jahre vorüber, als das nächste Martyrium die Gütersloher ereilte: Der Winter 1946/47 bescherte Ostwestfalen eine nicht gekannte Kälte und sorgte dafür, dass die Lebensmittelversorgung weitgehend zusammenbrach. Die Menschen froren und hungerten monatelang. Gisela Schneider kann sich noch gut an diese düsteren Zeiten erinnern, denn die heute 87-Jährige erlebte den Hungerwinter als junge Frau am eigenen Leibe.

Trotz aller Entbehrungen denkt die freundliche Seniorin, die als Gisela Klinke das Licht der Welt erblickte, gern an ihre Kinder- und Jugendzeit zurück: „Ich verbrachte eine sehr glückliche Kindheit mit meinen Eltern und meinem Bruder in der Augustastraße." 1929 geboren, erlebte sie auch die Nazizeit bewusst mit: „Im Kindergarten musste folgender Reim aufgesagt werden: ‚Händchen falten, Köpfchen senken und an Adolf Hitler denken.'" Worte, deren Bedeutung Vier- oder Fünfjährige überhaupt nicht verstanden.

Bereits 1940 sei dann die erste Bombe auf die Augustastraße gefallen, wo sie einen gewaltigen Krater hinterließ: „Ich habe noch heute das Heulen und den lauten Knall im Ohr." Ereignisse, die die alte Dame niemals vergessen wird; ebenso wenig wie jenen Totensonntag im Jahr 1944: „Der Himmel war strahlend blau, als gegen Mittag der Voralarm kam", erzählt Gisela Schneider. „Ein Nachbar sagte: ‚Ich habe denen nichts getan, also tun die mir auch nichts' und blieb einfach auf dem Sofa liegen. Als die Bombe sein Haus traf, wurde er in einen Baum geschleudert, wo er dann tot hing", erinnert sich die Seniorin. „Ich habe gesehen, wie tote Kinder auf Tragen aus den Trümmern geholt wurden. Sie waren ganz grau und staubig."

Der im Ersten Weltkrieg verwundete Vater wurde zwar noch zum Volkssturm eingezogen, doch im April 1945 kamen

Die 87-jährige Gisela Schneider blättert in einem alten Fotoalbum und denkt an ihre Kinder- und Jugendjahre in der Gütersloher Augustastraße zurück. Foto: Michael Schuh

die Amerikaner nach Gütersloh – der Krieg war vorüber. Und zunächst auch die Schulzeit. Da die von den Nazis eingeführten Lehrbücher nicht mehr verwendet werden durften, hatten die Kinder frei. „Stattdessen mussten wir Kartoffelkäfer einsammeln, die den Pflanzen schadeten", sagt die 87-Jährige, „denn die Versorgung mit Lebensmitteln war schlecht. Menschen mit einem eigenen Garten, wo etwas angebaut werden konnte, oder Familien aus der Landwirtschaft ging es besser als meinen Eltern, meinem Bruder und mir. Wir hatten nichts."

Doch es sollte noch schlimmer kommen. Anderthalb Jahre später hielt der Winter 1946/47 mit arktischen Temperaturen unbarmherzig Einzug. „Es war bitterkalt", erinnert sich Gisela Schneider. „Bei Dunkelheit sah man, wie ganze Baumstämme über die Augustastraße getragen wurden. Die hatten die Anwohner in einem Holzhandel geklaut." Auch die Züge aus dem Ruhrgebiet wurden Ziele des Diebstahls: Kräftige Männer

Die Nachkriegswinter in Gütersloh – die Bomben haben Spuren hinterlassen. Die Schürzenfabrik Wagener & Voß an der Kaiserstraße war zuvor getroffen und völlig zerstört worden.
Foto: Bernhard Mertenskötter.

kletterten auf die Waggons und schmissen Kohlen herunter, die ihre Helfer vom Boden aufsammelten. Dazu gehörte auch Gisela Schneider. „Einmal gab es eine Razzia, bei der die Amerikaner bei mir Briketts fanden", denkt sie zurück. „Doch der Soldat sagte nur: ‚Hau ab und geh zu Mama'." Dass sie aufgrund der Not damals selbst etwas mitgehen ließ, findet die Gütersloherin auch heute, 70 Jahre später, nicht verwerflich: „Es blieb uns doch gar nichts anderes übrig. Aber eines haben wir in all den Jahren nicht getan: Wir haben nie etwas bei den Nachbarn geklaut. Keinen einzigen Apfel."

Die Tage in jenem Winter waren kurz. „Man ging früh zu Bett", entsinnt sich die Seniorin, „mit einem Backstein unter der Decke. Der wurde zuvor im Backofen erhitzt – so lange das geklaute Holz noch brannte."

Doch nicht nur die Kälte machte den Güterslohern zu schaffen; mindestens ebenso hart traf sie der allgegenwärtige Hunger. Trotz der meist glücklichen Kindheit merkt man Gisela Schneider an, dass die Erinnerung daran Spuren bei ihr hinterlassen hat. Zum Frühstück habe es für jeden gerade mal eine trockene Scheibe Brot und eine Tasse Muckefuck gegeben. „Damit es nicht so kalt in der Wohnung war, ist unsere Mutter noch früher aufgestanden, hat mit dem gestohlenen Holz geheizt und uns ein bisschen Waschwasser warm gemacht. Wir hatten eine gute Mutter."

Ansonsten wurde gegessen, was irgendwie zu bekommen war. Meist Kartoffeln, dann und wann Gemüse, das die Klinkes geschenkt bekommen hatten. Denn Zusammenhalt habe es trotz der Not gegeben: „Wir taten den Nachbarn leid, denn wir hatten ja nichts." An Fleisch auf dem Teller kann sich die alte Dame indes nicht mehr entsinnen; höchstens mal ein Knochen, der ausgekocht und dessen Brühe anschließend mit ein paar Graupen angereichert wurde. Und die Schulspeisung ist ihr ebenfalls noch ein Bergriff: „Da stand eine große Tonne mit einer undefinierbaren Maispampe. Von zu Hause brachten alle Kinder eigenes Geschirr mit, auf jeden Teller gab es dann eine große Kelle. Ich fand das lecker und habe immer alles aufgegessen; schließlich hatte ich Hunger." An einen Nachschlag sei aber nie zu denken gewesen – und manchmal habe das Essen nicht für alle gereicht.

Viel besser dran seien die sogenannten „Fahrschüler" aus den umliegenden Bauerndörfern gewesen, deren Eltern auf ihren Höfen Vieh hielten. Mit einem solchen Mädchen tauschte Gisela ihr Brot mit Lachsersatzpaste, die es ohne Marken zu kaufen gab und die sie so manchmal mit auf den Weg bekam. „Die

Ein Bild aus glücklichen Tagen: Die kleine Gisela vergnügt sich auf einer Schaukel in der Augustastraße. Dass wenige Jahre später eine Zeit der Entbehrung kommen sollte, konnte das Kind damals noch nicht ahnen. Foto: Privatarchiv

Die Eltern kümmerten sich auch in schlechten Zeiten rührend um Töchterchen Gisela. Das wenige, das man hatte, wurde geteilt. Foto: Privatarchiv

Gisela Schneider (3. v. links) mit Nachbarskindern in der Augustastraße. „Ich hatte eine glückliche Kindheit", sagt die heute 87-Jährige über die 20er und 30er Jahre. Foto: Privatarchiv

Paste schmeckte dem Mädchen aus Verl so gut. Ich bekam im Gegenzug von ihr ein Brot mit Leber- oder Blutwurst. Und das hielt viel länger vor."

Und dann, ausgerechnet am Weihnachtsabend 1946, geschah ein Wunder. „Wir saßen mit leeren Mägen und leeren Händen da, als es plötzlich klingelte", erzählt die 87-Jährige - und ihre Augen beginnen zu leuchten. Vor der Tür stand der Hausarzt der Familie Klinke, öffnete seine Tasche und packte vor den staunenden Kindern aus: würziges Schwarzbrot, goldgelbe Butter, Milchpulver, dunklen Kakao, weißen Zucker. „Plötzlich war es nicht mehr kalt, trostlos, hoffnungslos in unserer Stube", erinnert sich die Gütersloherin. „Wir kochten eine duftende heiße Schokolade, aßen Schwarzbrot und waren erfüllt von einer so ungeheuren Dankbarkeit, dass ich dieses Gefühl noch heute unverändert nachempfinden kann."

Bis weit in den März 1947 hinein dauerte der Hungerwinter an, ehe der Alltag so langsam Einzug hielt. Die Kinder gingen wieder zur Schule, die Versorgung mit Lebensmitteln stabilisierte sich. Gisela Schneider machte 1950 ihr Abitur und fing ein Jahr später als „Fräulein vom Amt" bei der Post an. Sie heiratete und führte eine glückliche Ehe. Doch trotz vieler Erlebnisse und Erfahrungen hat sie eines nie vergessen: jenen Moment, als es am bitterkalten Weihnachtsabend an der Tür schellte. „Das ist und bleibt eine wunderschöne Erinnerung."

Der Hungerwinter auf dem Land

Weil der Stiefvater von Ingeborg Born im Dorf gut vernetzt war, musste sie im Hungerwinter weder auf Essen noch auf eine warme Schlafstube verzichten

Von Franz Purucker

„Rindfleisch ist teuer, Schweinefleisch ist knapp, gehen wir heut zum Metzger und kaufen uns Trab-Trab“, an dieses Lied aus dem Winter 1946/47 erinnert sich Ingeborg Born, die heute im Harsewinkeler Ortsteil Marienfeld wohnt, noch ziemlich genau. Was sie mit Freunden sang, war für sie aber keineswegs Alltag. Während der kalte Winter für Hunger und Elend in den Städten sorgte und mancherorts tatsächlich Pferdefleisch gegessen wurde, mangelte es der damals 14-Jährigen an nichts. Am Abendbrottisch mäkelte sie sogar herum, weil sie keine Butter auf dem Brot mochte - ein Mangelartikel zu dieser Zeit. Mit Lebensmittelmarken standen jedem Haushalt nur 50 Gramm Butter im Monat zu, erinnert sich die Zeitzeugin zurück. In Borns Familie wiederum gab es davon mehr als reichlich. „Wir hatten etwa sechs bis sieben Liter Milch jeden Tag und haben selbst gebuttert und Käse gemacht.“

Born wohnte in dem kleinen Örtchen Bommerholz, einem Dorf mit knapp

Heute wohnt Ingeborg Born in einem Dreifamilienhaus im Harsewinkeler Ortsteil Marienfeld und blättert noch immer gerne in alten Fotos. Den Hungerwinter 1946 nahm sie als wenig dramatisch wahr. Ihr Stiefvater hatte gute Kontakte, sodass regelmäßig Wurst und Brot auf dem Essenstisch lagen. Ganz verborgen blieb ihr das Elend der Zeit allerdings nicht.
Foto: Franz Purucker

1.000 Einwohnern, rund fünf Kilometer entfernt von Witten im Ruhrgebiet. Ihr Stiefvater, der sie jedoch wie seine leibliche Tochter behandelte, schuftete als Bergarbeiter für die Kohleindustrie. Während draußen arktische Kälte herrschte, konnte er von seiner Arbeit ausreichend Briketts mitnehmen, um neben einem Ofen in der Wohnstube einen weiteren im Schlafzimmer zu befeuern. Darüber hinaus war Kohle in den eiskalten Wintertagen ein beliebtes Tauschgut. „Mein Vater hat Kohle unter anderem gegen Schuhe für mich getauscht."

Der Kontakt zu ihrem leiblichen Vater ging durch die Trennung ihrer Eltern in die Brüche, als Born fünf Jahre alt war. 1937 heiratete die Mutter neu, einen gebürtigen Bommerholzer, der im Dorf bestens vernetzt war. „Wir bekamen Wurst vom Fleischer und mein Stiefvater hatte beim Bäcker immer etwas Brot für uns zurücklegen lassen." Die Landbevölkerung hielt zusammen, berichtet die gelernte Sprechstundenhilfe.

Das Elend der Zeit blieb aber auch der jungen Frau nicht verborgen. „Es kamen immer wieder Leute aus der Stadt mit Karren und Rucksäcken zu uns aufs Land, die ihren Hausrat gegen Essbares tauschen wollten." Born erinnert sich an sehr skurrile Tauschgeschäfte: „Wir hatten draußen eine Schale Pflaumen stehen, dafür wollte man uns ein elektrisches Bügeleisen anbieten." Von dem Handel profitierten vor allem die Bauern – die Perserteppiche und elektrische Geräte gegen ein paar Kartoffeln eintauschen konnten, so Born.

Die Landbevölkerung lebte von dem, was sie selbst anbaute oder durch Bekannte organisieren konnte. „Zu Hause gab es oft Eintöpfe mit Möhren oder Kohl – eben was wir im Garten hatten." In der Schule tauschte sie mit einer guten Freundin, deren Eltern Hühner hielten: „Ich habe ihr meine Wurst gegeben und habe dafür Spiegelei bekommen." Viele ihrer Mitschüler hatten nur Brot mit etwas Margarine und Zucker dabei.

Grundsätzlich kam sie mit dem weit verbreiteten Hunger nur wenig in Verbindung. Den Eltern des Mädchens, das 1946 gerade die Schule verlassen hatte, war aber durchaus klar, was vor ihrer Haustür passierte. „Wenn ich zu Freunden ging, meinte meine Mutter zu mir, wenn mir Butterbrot angeboten wird, soll ich das nicht annehmen und sagen, ich hätte eben schon etwas gegessen." Kinder wurden generell sehr gut behandelt: Born hatte im Herbst 1946 eine Lehre an der Handelsschule in Witten begonnen, an der es regelmäßig eine warme Schulspeisung gab, meist Suppen, aber ohne viel Abwechslung. „Es gab bestimmt dreimal die Woche so eine scheußliche weiße Bohnensuppe." Einmal die Woche stand Milchsuppe, eine unter Kindern in dieser Zeit sehr

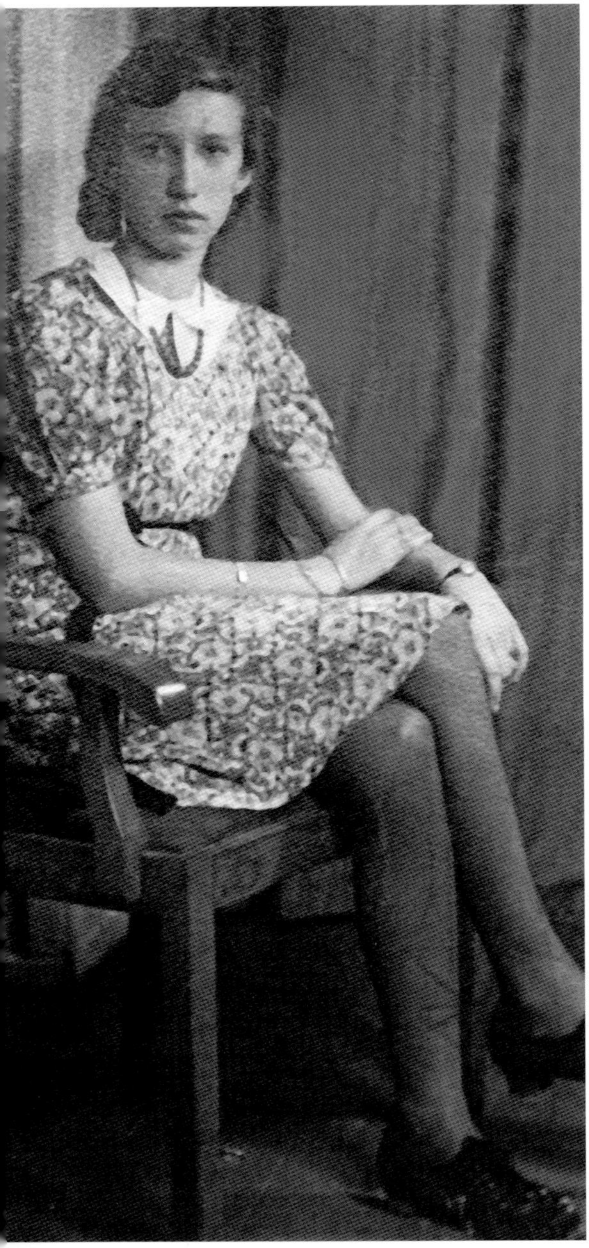

Ihre Konfirmation fiel mitten in den Hungerwinter 1946/47. Diese historische Aufnahme zeigt die damals 14-Jährige in ihrem Festkleid. Foto: Privatarchiv

beliebte Speise, auf dem Plan. Die Verschwendung von Lebensmitteln akzeptierte der Stiefvater trotz eines gut gefüllten Lagers allerdings nicht. Eines Tages beobachtete ihre Tante, wie sie mit Freunden auf einem Apfelbaum spielte und die Früchte nur anbiss und anschließend wegwarf. Zu Hause schimpfte der Stiefvater mit dem Mädchen und redete ihr ins Gewissen. Diese Erziehung begleitet die inzwischen 84-Jährige nach eigenen Worten bis heute: „Wenn ich mir Eintopf mache, dann friere ich den ein. Ich werfe nichts weg." Auch Wurst und Käse landen bei ihr nicht im Müll, selbst wenn diese nicht mehr so appetitlich wie am ersten Tag aussehen.

Wie gefährlich Lebensmitteldiebstahl sein kann, wurde Born klar, als sie beim Klauen von Weizenähren beobachtet wurde. Gemeinsam mit fünf Freundinnen hatte sie einen ganzen Sack davon mit Hilfe von Scheren auf dem Feld abgeschnitten. Ihr Stiefvater rettete die Situation, weil er mit dem ermittelnden Polizisten gut befreundet war und sich schützend vor sein Ziehkind stellte. „Er hatte ihm erzählt, wir hätten die Ähren, die auf dem Feld übrigblieben, eingesammelt – das war ja durchaus zulässig."

Trotz der auskömmlichen Lage war auch Armut im Haus der Borns ein Thema. „Das Gymnasium war meinen Eltern zu teuer", erläutert sie. Für ihre Konfirmation im Frühjahr 1947 musste sie eine Puppe gegen ein Kleid eintauschen. Viele Kleidungsstücke nähte die Mutter mit Stoffen, die ein Bekannter von seiner Arbeitsstelle in einer Stofffabrik mitgehen ließ.

Ihr Stiefvater setzte sich in den Nachkriegsjahren viel für seine Mitmenschen ein. Als er für zwölf Monate zur Bewachung russischer Gefangener eingesetzt wurde und von den Amerikanern regelmäßig Geschenkpakete bekam, schmuggelte er den Gefangenen immer wieder Essen in die Zellen. Aus den Erzählungen des Vaters weiß Born, dass er beispielsweise Brot vom Frühstück oder Zigaretten mitnahm und scheinbar versehentlich in den Zellen fallenließ. Eine Geste, die den Kriegsgefangenen auch Jahre später in Erinnerung geblieben ist. „In den 50er Jahren waren wir am Rhein unterwegs, als plötzlich Russen auf uns zugerannt kamen." Born dachte zunächst an einen Überfall. Doch die jungen Männer umarmten nur ihren Stiefvater und berichteten über ihre gute Behandlung während der Gefangenschaft.

Nach Ostwestfalen-Lippe verschlug es Ingeborg Born erst durch ihren ersten Ehemann, den sie 1954 heiratete. „Er litt unter gesundheitlichen Problemen und wir mussten wegen der Industrie aus dem Ruhrgebiet raus." 1966 fand ihr Gatte eine Stelle als Fleischermeister in Harsewinkel und die beiden zogen um. Heute lebt Born allein. Ihr zweiter Ehemann ist vor einigen Jahren verstorben.

Dieses Foto entstand im Frühjahr 1947 – als Ingeborg Born die Handelsschule besuchte. Bis heute erinnert sich die alte Dame an die warme Schulspeisung, die trotz verbreiteten Hungers täglich servierte wurde. Geschmeckt habe diese aber nicht immer. Foto: Privatarchiv

Das Schwein als Überlebensversicherung

Eva Bürmann erlebte die Zeit als Zehnjährige. Hungern musste sie dank des Gartens nicht – allerdings kämpfte die Familie mit der eisigen Kälte

Von Franz Purucker

In einem weißen Kleid feierte Eva Bürmann im April 1947 ihre Konfirmation – also genau in dem Jahr als Deutschland vom Hungerwinter heimgesucht wurde. In Erinnerung blieben der heute 79-Jährigen vor allem die eisigen Temperaturen. „Es war so kalt, dass sogar die Schule ausfiel. Wir Kinder sind nur zum Vorzeigen der Hausaufgaben zur Schule gegangen", erinnert sich die damals Zehnjährige. Durch tiefen Schnee mussten sie von ihrem Heimatort Sürenheide ins rund vier Kilometer entfernte Verl laufen. Das Problem: Heizmaterial war knapp. „Jeden Tag haben wir Kinder Fichtenzapfen zum Verbrennen gesammelt, damit wir es zuhause ein Bisschen warm hatten." Verfeuert wurde alles, was sich irgendwie zum Brennen eignete. Zeitungen, Papier oder Strauchschnitt – nichts wurde weggeworfen, sondern behutsam eingelagert. Mit Wirkung bis heute: Noch immer notiert Bürmann ihre Einkaufszettel auf alten Briefumschlägen. In ihrer Kindheit waren diese, die einzige Möglichkeit auf Papier zu Malen. Einige ihrer Gemälde liegen noch heute im Schrank der Seniorin.

Auch Schulbücher waren zu dieser Zeit Mangelware. Die Besatzungsmächte waren noch damit beschäftigt, neue Bücher zu genehmigen und zu drucken. Dadurch wurde das Unterrichtsmaterial in der Klasse herumgereicht. So durfte jeder Schüler das Mathebuch eine Woche mit nach Hause nehmen und musste es danach an einen Mitschüler weiterreichen.

Die meiste Zeit verbrachte die Familie damals gemeinsam in der Küche. „Dort haben wir mit dem Herd geheizt." Weil ihre Mutter im Winter 1946/47 erkrankt war, hatte die Familie ihr Bett in diesen einzig durchweg warmen Raum verlegt.

Hunger war für Bürmann wiederum kein Thema. „Alles was wir brauchten, wuchs bei uns im Garten", berichtet sie. Auf den Tisch kamen Eintöpfe mit Gemüse, Kartoffeln und Graupen, aber auch Bohnen, Grünkohl und Sauerkraut. Außerdem hatten die Bürmanns ein Schwein im Stall – quasi die Le-

Eva Bürmann mit einer aus Garn und Postkarten gebastelten Bildermappe, die sie von ihrer Freundin Christine 1947 zur Kommunion geschenkt bekam. Foto: Franz Purucker

Diese Fotoaufnahme zeigt die damals Zehnjährige zu ihrer Kommunionsfeier. Foto: Privatarchiv

bensversicherung der Familie. „So hatten wir Speck, Schmalz und Wurst." Wie wichtig das Tier für die Familie war, zeigte sich zu Eva Bürmanns Kommunionsfeier im April 1947. Eigentlich sollte extra die Wohnstube angeheizt und etwas Kuchen serviert werden: Doch das Schwein war erkrankt. Sofort wurde der Tierarzt verständigt. „Die Gesundheit des Schweins war wichtiger als die Kommunionsfeier. Wenn das Tier gestorben wäre, hätten wir im Winter nicht schlachten können und kein Fleisch mehr gehabt." Nach einer Spritze ging es ihm aber wieder besser.

Trotzdem blieb der weit verbreitete Hunger der damals jungen Schülerin nicht verborgen: „Immer wieder klopfte ein junger Mann an der Haustür und fragte nach einem Butterbrot." Wahrscheinlich ein junger Zwangsarbeiter, vermutet Bürmann. Die Mutter hatte Mitleid mit dem jungen Burschen und gab ihm stets etwas zu Essen. „Es könnte auch unser Sohn sein", erinnert sich Bürmann an die Worte ihrer Mutter.

Trotz der von Kälte und verbreiteten Hunger dominierten Zeit, erinnert sich Bürmann gerne an ihre Kommunion – vor allem wegen ihrer besten Schulfreundin Christine. Das Mädchen war etwas älter als sie und hatte ihr aus Postkarten und Stickgarn eine Bildermappe gebastelt, die bis heute einen festen Platz im Regal der 79-Jährigen einnimmt: Noch immer bewahrt sie darin alte Fotoaufnahmen von damals auf.

Im Tausch gegen Tabak

Erfinderisch waren die Menschen im und nach dem Zweiten Weltkrieg, wenn es darum ging, Lebensmittel für ihre Familien zu bekommen. Wilhelm Ide erinnert sich an die Cleverness seiner Eltern

Von Wilhelm Ide

Wenn mein Vater, geboren 1886, im Jahr 1900 nicht Zigarrenmacher geworden wäre, hätte er im Ruhestand in den 1940er Jahren seine Familie mit zusätzlichen Nahrungsmitteln nicht versorgen können. Lebensmittel waren im Krieg und danach knapp, es gab sie nur auf Marken und für jede Person nur in kleinen Mengen.

Um Essbares herbeizuschaffen, wurde gehamstert. Bürgerfrauen räumten ihre Schränke und versuchten, auf Bauernhöfen und kleinen Landwirtschaften gegen Speck, Butter, Eier oder Wurst kostbares Leinen oder wertvolles Porzellan, Schmuckstücke, oft Hochzeitsgeschenke oder Erbstücke, einzutauschen. Auch die Schränke in meiner Familie waren schnell leer, aber die Nahrungsnot stieg.

Da besann sich mein Vater auf seinen Beruf, pflanzte in seinem Garten Tabak an, Marke Eigenanbau. Der Tabakfachmann erfand eine Methode der Bearbeitung, um den geernteten Tabak durch Fermentierung genießbar zu machen. Er schuf einen Sud, setzte ihn einer bestimmten Hitze aus, wartete einen halben Tag und trocknete die Blätter dann langsam. Für die Zerkleinerung nutzte er die Schneidemaschine aus der Zeit seiner Selbstständigkeit. Fertig war der Pfeifentabak.

Schnell sprach sich der Tabaksegen im Rhedaer Pahlort herum. Jeden Morgen stellten sich die Raucher für eine Pfeifenfüllung ein. Des Vaters Wohnzimmer wurde zum Rauchzimmer, weil auch er gerne einen guten Zug tat. Dafür rollte er sich eine echte Zigarre. Wenn Lehrer Willi Bodderas kam – und er stellte sich pünktlich ein –, dann lag auch für ihn eine Gedrehte bereit; als Freund des Hauses, für ein „Vergelt's Gott" .

Leute vom Lande und Gartenbesitzer pflanzten ebenfalls Tabak an, scheiterten aber bei der Verarbeitung. Sie baten den Vater um Hilfe. Und als Dank vermachten sie ihm einige ihrer Tabakblätter. Diese wurden mit den Selbstangebauten verarbeitet. Das ganze Haus roch danach. Vor dem leeren Leinenschrank und dem öden Eisschrank hatte die Mutter die Idee, beim Hamstern kleine Portionen des Tabaks als Tauschobjekt mitzunehmen. Die Mutter, geboren 1885 und damals 55 Jahre alt, lernte in diesem Alter noch das Fahrradfahren. Der Radius ihrer Hamstertouren weitete sich über Rhedas Grenzen hinweg aus und führte sie bis in die Bauernschaften von Herzebrock, Clarholz und Lette.

Hamstern war verboten, aber selbst der Kölner Kardinal Frings fand Verständnis für die Selbsthilfe der Bürger. Der Begriff „Fringsen“ wurde im ganzen Land bekannt, er stand für Selbsthilfe in Notfällen. Das Hamstern war nicht jedermanns Sache. Gefragt waren natürlich ein freundliches, vertrauenerweckendes Wesen, aber auch kaufmännisches Geschick. Meiner Familie kamen diese Eigenschaften meiner Mutter sehr zugute.

1946 geriet sie während einer Hamsterfahrt mit ihrem Fahrrad an die Grenze von Münster, und prompt wurde sie von einer Streife englischer Soldaten und deutscher Beamter angehalten. In ihrer Not sagte sie aufgeregt: „Mein Sohn lebt als Gefangener schon seit zwei Jahren in England und baut eine Wasserleitung für Dorfbewohner, lasst mich in Ruhe.“ Der englische Offizier winkte die aufgeregte Frau durch – der Fall war erledigt. Die auf Hamstern eingestellte Mutter kannte manchen

Blickt zurück: Wilhelm Ide.
Foto: Marion Pokorra-Brockschmidt

Kniff, um den Männern der Gesetze auszuweichen oder ihnen ein Schnippchen zu schlagen. Manchmal war auch eine kleine Gabe an die Beamten notwendig, denn auch deren Familien hatten Hunger. Einiges Hamstergut transportierte sie in einer alten Ledertasche. Andere leckere Kostbarkeiten trug sie direkt an ihrem Körper unter ihrer Tarnkleidung, einem schwarzen Trauerkleid angepasst. Wenn die Familie abends wieder beisammen saß, kam ein kräftiger Korn auf den Tisch. Es

Bei der Arbeit: So wie auf diesem Foto, entstanden um 1900 in der Zigarrenfabrik Beermann und Schule in Rheda, sah es auch im Elternhaus von Wilhelm Ide aus. Foto: Stadtarchiv

war immer Balkenbrand, heimlich aus Kartoffeln gewonnen.

Die Hilfe aus Rheda reichte bis ins Ruhrgebiet. Dort wohnten Verwandte. Auch sie bekamen hin und wieder ein Fresspaket aus Rheda. Dafür schickten die Ruhrgebietler, alles Rentner, Kohlen per Post in die Fürstenstadt. Bergleute im Ruhestand bekamen Kohle als Deputat für treue Dienste unter Tage.

Aber nicht nur die Hamsterei und die Tauschgeschäfte blühten damals, weitere Initiativen wurden ergriffen. Nach der Kornernte suchten Kinder mit Müttern Ähren. So wurde jedes Korn für kräftige Mahlzeiten gewonnen. Im Wald suchten Jungen und Mädchen Eicheln für die Streckung von Kaffeeersatz. Die Schalen von Kartoffeln kamen nicht in den Müll, sondern wurden in alte Zeitungen verpackt als Brennmaterial im Kohleherd der Küche benutzt.

Nachmittags zogen die Familien mit ihrem Bollerwagen in die fürstlichen und städtischen Wälder, um trockene Reiser zu sammeln. Verboten war das Mitführen von Harken und anderem Gerät, allein die Hände durften für diese Brennholzsammlung benutzt werden.

In einem Kriegswinter war es so kalt, dass die Eisblumen an den Wohnungsfenstern nicht schmelzen wollten. Alle Holzvorräte waren verbraucht, die Familie fror erbärmlich. Ratlosigkeit wegen der Holzbeschaffung breitete sich aus. Der Besuch des großen Dach-

Männer mit Schürzen: Von Hand wurden die Zigarren gerollt, eng zusammen saßen die Arbeiter. Foto: Stadtarchiv

bodens, mit seinen Kisten, Kästen und Truhen schon viele Male ein Rettungsanker, blieb dieses Mal ergebnislos. Da fiel der Blick des besorgten Vaters auf den riesigen Dachstuhl des Fachwerkhauses. Kurzentschlossen holte er Werkzeug und sägte ein paar Balken ab, um Brennmaterial zu schaffen gegen die bittere Kälte. Noch mehrfach wurde so General Winter vertrieben. Die roten Wangen der Kinder am Ofen waren die schönste Belohnung.

Da der Vater als Pionier des Ersten Weltkrieges vertraut mit Balkenkonstruktionen war, wusste er, wo er die Säge ansetzen konnte, ohne dass es zu Einsturzgefahren kommen konnte. Zu Zeiten des Wirtschaftswunders wurde durch Zimmerleute alles wieder in den ursprünglichen Zustand versetzt.

In den Jahren 1943 bis 1945 wurden kleine Städte und Dörfer Oasen der Ruhe und Sicherheit für Menschen, die in großen Städten wohnten. Die Alliierten warfen dort Bomben, viele Wohnhäuser wurden zerstört. Die Bewohner von Recklinghausen, Dortmund, Aachen und Münster, die Bekannte oder Verwandte in der Fürstenstadt hatten, kamen mit Sack und Pack und fanden Unterkünfte. Viele Häuser waren mit diesen Ausgebombten belegt. Ungeachtet der oftmals entstandenen Enge in den Unterkünften verstand man sich durchweg gut und half sich mit Rat, Naturalien und Arbeit gegenseitig.

Mit etwas Glück und guten Ideen

Als Kind erlebte Jost Wedekin den Hungerwinter vor 70 Jahren. Seine Familie überstand die Zeit, weil sie gut vorausplante

Von Birger Berbüsse

Im Krieg kannte er noch keinen Mangel. „Aber danach ging es rabiat los", erinnert sich Jost Wedekin an den Hungerwinter von 1946/47 in Paderborn. 70 Jahre liegt diese Zeit nun hinter ihm. Doch vergessen hat der heute 81-Jährige den Hunger nicht, an dem er und seine Familie damals nur allzu oft litten.

Dabei hatten Wedekins anfangs noch Glück und kamen unbeschadet durch die Kriegsjahre. Bis zum 27. März 1945, an dem die Alliierten Tausende Bomben auf Paderborn regnen ließen. Dabei wurde auch ihr Haus „völlig plattgemacht" – der damals zehnjährige Jost und seine hochschwangere Mutter überlebten im Schutzkeller der Nachbarn. Der Vater, ein Berufssoldat, war in Frankreich stationiert. Die Mutter floh mit dem Jungen aus dem zerstörten Paderborn und kam über Umwege in den Harz. Dort erlebte er das erste Mal, dass die Nahrung knapper wurde.

„Im Krieg hatten wir noch ziemlich viel, weil mein Vater immer etwas schicken konnte", erinnert sich Wedekin. Außerdem bewirtschaftete die Mutter einen großen Garten auf dem Reitplatz vor dem ehemaligen Abdinghofkloster, in dem sich das Wehrbezirkskommando befand, die Arbeitsstelle des Vaters. Dieser hatte außerdem ein Maisfeld angelegt und züchtete Hühner. So kannte die Familie im Gegensatz zu vielen Bewohnern in den Großstädten keinen Mangel – bis es dann eben „rabiat" wurde.

Denn nach der Bombardierung begann für Jost Wedekin und seine Mutter die Mangelwirtschaft. Ihre Flucht endete in zwei verschiedenen Heimen der NS-Volkswohlfahrt im Harz. „Im Kinderheim gab es einen Tag Graupensuppe, am nächsten süße Graupen", berichtet er. Das hat Spuren hinterlassen – Wedekin kann die sogenannten „Kälberzähne" seitdem nicht mehr essen. „Da vergeht mir gleich der Appetit", verrät er. Während die Nahrung immer weniger wurde, wurden die Kinder im Heim immer mehr. Um alle sattzubekommen, wurde die Suppe deshalb mit Wasser gestreckt.

Nach fünf Monaten ging es zurück nach Paderborn, wo ein Onkel sie für

Handfeste Erinnerungen: Jost Wedekin zeigt einige Lebensmittelkarten aus der damaligen Zeit. Allzu oft waren die Geschäfte jedoch leer, weil es kaum Nachschub gab. Foto: Marc Köppelmann

eine kurze Zeit aufnahm, bis sie schließlich nach der Rückkehr des Vaters aus britischer Kriegsgefangenschaft in eine kleine Notwohnung ziehen konnten.

Zwar war ihr Garten am Abdinghof weg, aber der Vater konnte ein Trümmergrundstück pachten, das sie bewirtschafteten. Dort pflanzte er Tabak an. „Das haben wir dann später geerntet, fermentiert und zu Krüll- und Feinschnitt verarbeitet und konnten es dann zum Beispiel gegen Eier eintauschen“, erklärt Wedekin. Einen Großteil habe der Vater allerdings auch selber geraucht. Bis sie eines Tages zu ihrem Feld kamen – und die Tabakpflanzen weg waren: „Alles geklaut.“ Keine Seltenheit zu dieser Zeit. Den Vater konnte das nicht entmutigen. Mit einem Nachbarn brannte er Schnaps und stellte sogar Likör her. Die Zutaten kamen von einem befreundeten Drogisten. Die Erzeugnisse, Spirituosen verschiedenster Art, tauschte der Vater in den benachbarten Dörfern gegen Naturalien wie Kartoffeln, Speck und sogar einmal gegen einen Schweinekopf ein. Das war auch nötig, denn 1946 wurde die Situation spürbar schlechter. „Manchmal war es wirklich mager“, sagt Wedekin. Eine legale Möglichkeit, den Nahrungsmittelvorrat aufzubessern, war die Abgabe von Bucheckern gegen Speiseöl. Für zehn Pfund Eckern erhielt man einen Liter Öl. Auch hier zeigte sich die handwerkliche Begabung des Vaters. Er hatte ein großes Sieb gebaut, so dass die Familie die Früchte nicht mühsam vom Boden aufheben musste. Sie wurden zu Hause sortiert und später zur Presse gebracht.

„Die Überreste der Aktion, Holzstückchen, taube Früchte und deren Gehäuse nutzten wir zum Beheizen des Behelfofens in unserer winzigen Wohnküche", so Wedekin. Das Schlafzimmer, viermal so groß, wurde nie beheizt. Denn die jährlichen Kälteperioden machten der Familie mindestens ebenso viel zu schaffen wie der Hunger. Trotz Sparmaßnahmen reichte die zugeteilte Menge an Heizmaterial nie aus. Ohne das Buchenholz, von dem der Familie im eiskalten und lang dauernden Winter sogar dreimal etliche Festmeter in den Wäldern bei Eggeringhausen zugeteilt wurden, hätte die Familie diese grimmige Zeit wohl kaum überstanden. Auch die Schulen konnten oft nicht ausreichend beheizt werden, so dass es für manche Klassen schon mal „kältefrei" gab, wenn der Ofen nicht auf Touren kam. Die Schüler wurden dann ins Kaufhaus Klingenthal geschickt, um in der dortigen Wärmehalle ihre Hausaufgaben zu erledigen. Die Wedekins ahnten schon, dass der Winter schlimm werden würde. „Es ging darum, Vorräte zu speichern", so Wedekin. Die Mutter sorgte sich bereits im Sommer um die Ernährung der Familie. 280 Einmachgläser füllte sie mit Äpfeln, Pflaumen, Möhren und einigem mehr. Das half durch die schwere Zeit. Denn die Probleme waren groß: Weil die Güterzüge oft nicht fuhren, gab es weniger Nachschub. Viele Geschäfte hatten tagelang geschlossen, da es nichts zu verkaufen gab. „Und wenn sie doch geöffnet hatten, gab es Weißkohl oder Rübenkraut", sagt Wedekin nüchtern. Auch Brot war selten. So selten, dass die Familie häufig in die Dörfer fuhr, wenn es dort gerüchteweise mal etwas gab. Doch wenn sie ankamen, war es meist schon ausverkauft. Glücklicherweise hatten sie in einem der Dörfer entfernte Verwandte, denen sie ihre Essensmarken gaben und die manchmal für sie in der Bäckerei einkauften.

Immerhin funktionierte die Schulspeisung – für viele Kinder war sie das Beste an der Schule. Wedekin erinnert sich, dass das tägliche Angebot in der Regel zwischen „Rennfahrersuppe mit Bremsklötzen" und „Negerschweiß" wechselte. Gemeint waren Erbsensuppe mit Keksen und Kakaosuppe mit Reis. „Bei der Austeilung der Suppe achteten wir darauf, etwas vom Boden des Topfes zu bekommen. Dort befanden sich nämlich die nahrhaftesten Teile", erinnert sich Wedekin noch gut. Sehr begehrt war auch das Maisbrot, von dem es wöchentlich einen Kanten von etwa einem

Schulspeisung in der Busdorfschule: Aus großen Töpfen erhielten die Kinder wie Jost Wedekin damals ihr Essen. Jost Wedekin hat den Eintopf noch gut in Erinnerung. Foto: Stadtarchiv Paderborn/Wedekin

Pfund gab. „Darauf wurde zu Hause schon gewartet." Brachte der Junge das goldgelbe Brot heim, wurde es sofort auf der Herdplatte geröstet. „Und dann haben wir es mit Heißhunger verspeist."

Jost Wedekin und seiner Familie blieb damals das Schlimmste erspart. Aber dennoch: „Wir haben schon manchmal gehungert und erheblich gefroren", fasst Wedekin den Hungerwinter zusammen. So etwas bleibe für immer hängen: Er sei zwar nicht geizig, aber auch nicht verschwenderisch. Jost Wedekin weiß: „Diese Zeit hat mich schon sehr geprägt."

Hungrige Gesichter: Durch die Kleinkinderspeisung, hier ein Bild aus der Heiersburg, konnten viele Jungen und Mädchen gesättigt werden. Foto: Stadtarchiv Paderborn, B 3787

Der Hungerwinter 1946/47

Deutsche Geschichte: Die in der Provinz lebenden Menschen litten keinen Hunger. Andere litten Not und waren verzweifelt

Von Josef Köhne

Sieben Jahrzehnte sind seit dem Hungerwinter 1946/47 vergangen, und die wenigen Zeitzeugen dieses schicksalhaften Jahres haben zwischenzeitlich so viel erlebt, dass sie sich an Einzelheiten und exakte Abläufe nur noch schwer erinnern können. Bei einigem Nachdenken fallen ihnen jedoch Dinge ein, die es wert sind, für die Nachwelt festgehalten zu werden. So zum Beispiel eine Predigt des Kölner Erzbischofs Joseph Kardinal Frings, in der er allen Katholiken, die sich während der Eis- und Hungerzeit durch Mundraub oder Kohlenklau am Leben hielten, von der Sünde gegen das siebte Gebot, „Du sollst nicht stehlen", freisprach. Der Ausdruck „fringsen" ist vielen Deutschen seitdem ein fester Begriff.

Die Predigt des pragmatisch und menschlich handelnden Kardinals fällt auch Josefine Hoffmeister ein, wenn sie an diese Zeit zurückdenkt. Sie kam im Februar 1919 in einem kleinen Dorf bei Nieheim zur Welt und war als Tochter einer kinderreichen Familie auf dem örtlichen Gutshof „in Stellung". Hungern und frieren musste sie selbst nicht, aber sie kannte die Flüchtlinge, die auf dem Hof und in anderen Familien des Dorfes zwangseinquartiert waren. Und bei denen war oft Not angesagt. „Die liefen im Sommer barfuß über die Stoppelfelder, und es fehlte auch im Winter an warmer Kleidung", erinnert sich die geistig rege Seniorin. Die Lebensmittel wurden zugeteilt und jeder, der ein Schwein schwarz schlachten konnte, war glücklich. „Es war so, dass die Leute ihre Schweine vor dem Schlachten unter Aufsicht des Bürgermeisters wiegen mussten. Hatten die Tiere mehr Fleisch, als dem Besitzer zustand, musste es abgeliefert werden." So erlebte Josefine Hoffmeister, dass Gutsherr und Bürgermeister beim Wiegen einer fetten Sau das Personal wegschickten und die Tür hinter sich verschlossen. Die Folge: Das arme Schwein wog so wenig, als habe man ihm bereits zu Lebzeiten einen Hinterschinken entfernt. Damit das illegal einbehaltene Fleisch unbemerkt in den amtlich erlaubten Fleischvorrat überge-

Große Unterschiede: Elisabeth Simon, Johannes Vogedes und Agnes Simon mussten nicht hungern, aber sie lernten die „Hamsterer" kennen, die ums Überleben kämpften. Foto: Privatarchiv

hen konnte, vergaß der Fleischkontrolleur (Trichinenbeschauer) auch schon mal Mikroskop und Behördenstempel.

„Es gab im Dorf etliche Leute, die ihre Fleischvorräte im Keller einmauerten, um sie vor Dieben, aber auch vor den Blicken der amtlichen Personen zu schützen", erinnert sich die Seniorin an Einbrüche und Diebstähle. Und sie weiß, dass dafür nicht immer Flüchtlinge oder die auf Hamsterfahrten durch das Dorf ziehenden Menschen aus den Städten des Ruhrgebietes verantwortlich waren. Bezüglich der sogenannten „Hamsterer" erinnert sich Josefine Hoffmeister an die Predigt eines Pfarrers. Ihm hatte eine notleidende Frau geklagt, dass sich wohlhabende Einheimische ihre Kartoffeln, Butter und Brot mit den Eheringen der Hungernden bezahlen ließen. Es seien geweihte Ringe, die man nicht einfach tauschen darf, redete der Pfarrer den Katholiken ins Gewissen, worauf in den nächsten Wochen acht Eheringe bei ihm abgegeben wurden.

Zeitzeuge: Der junge Alfons Hecker hatte Mitleid mit den Flüchtlingen und bettelnden Familien aus den Städten des Ruhrgebietes. Foto: Josef Köhne

Fleisch und Würste eingemauert: Manche haben ihre Fleischvorräte im Keller eingemauert, erinnert sich die 1919 geborene Josefine Hoffmeister. Foto: Josef Köhne

In einem Fall war bei einem Flüchtlingskind offene TBC festgestellt worden. Auf Anraten der Gemeindeschwester wurde daraufhin ein Hund geschlachtet, weil man sich von dessen Fett Heilung versprach.

Bekannt ist, dass einige „Hamsterer" zum Betrügen neigten, während andere das letzte Hemd oder die Kleidung ihrer im Krieg gebliebenen Männer gegen ein paar Kartoffeln eintauschten.

Ganz schlimm aber war, was eine notleidende Frau aus dem Ruhrgebiet erlebte. Als sie ihrer kranken Tochter nach der Reise ins Ostwestfälische ein Brot mit Butter schmieren wollte, stellte sie fest, dass die Bäuerin eine Steckrübe in Würfelform geschnitten und diese dünn mit Butter bestrichen hatte. Und das alles nach einer langen Fahrt im eiskalten Zug und beschwerlichen Fußmärschen zum Bahnhof.

Von den Flüchtlingen und ärmeren Dorfbewohnern weiß Josefine Hoffmeister, dass sie sich beim Förster Holzlesescheine holten und im Wald nach Tannenzapfen suchten, mit denen sie das Feuer anzündeten, weil kein Papier vorhanden war. Das wenige Zeitungspapier, sofern es überhaupt etwas gab, fand Verwendung auf dem kalten Plumpsklo.

„Es gab viele strenge Winter in der Kriegszeit, aber dieser war besonders schlimm", erinnert sich Alfons Hecker. Er war als junger Mann aus gesundheitlichen Gründen vom Kriegsdienst

Sonntagsbilder: Wer sich damals einen Fotoapparat leisten konnte, der „knipste" Sonntagsbilder und nicht die alltägliche Armut. Foto: Privatarchiv

befreit und beim Bauern dienstverpflichtet worden. Alles, was es zu transportieren gab, musste in diesem Winter mit dem Pferdeschlitten bewegt werden. Das galt sowohl für das Getreide, das vom Hauslager in Vörden zur Genossenschaft nach Steinheim gebracht werden musste, als auch für das selbst im Wald gefällte Holz. „An manchen Tagen war es so kalt, dass die Schlittenkufen am Boden festfroren und der beladene Schlitten von den Pferden kaum wieder in Bewegung zu bringen war", berichtet Hecker. Als findiger Gespannführer parkte er den Schlitten deshalb auf einem zuvor bereitgelegten Knüppel (Rundholz), so dass die Pferde ihn mit einem kurzen Ruck zum Kippen bringen und leichter starten konnten. An die Nächte erinnert sich Hecker noch sehr gut. Er schlief in der Nähe der großen Bauerndeele und fror oft wie ein Hund.

Von einigen „Knechten" weiß er, dass sie lieber im Stall bei den Pferden schliefen, weil es dort wärmer war als im Wohnhaus.

Leid taten ihm immer die Hamsterer („Ein ganz schlimmes Wort", sagt Hecker), die halb verhungert und frierend um Lebensmittel baten. „Einige Bauern hatten immer einen Sack mit Kartoffeln hinter der Deelentür, von denen sie allen Vorbeikommenden einige abgaben. Aber es gab auch andere, die grundsätzlich nur zum Tausch bereit waren." Einmal war er mit dem Einspänner unterwegs, als ihm ein Mann aus Essen begegnete, der mühselig einen Sack Kartoffeln zum Bahnhof ins mehr als zehn Kilometer entfernte Brakel schleppte. „Der war überglücklich, als ich ihm einen Platz auf dem Pferdewagen anbot", erinnert sich Hecker an „die schlimme Zeit". Im Gespräch mit dem 91-Jährigen wird rasch deutlich, wie sehr ihn das Schicksal der hungernden und frierenden Flüchtlinge sowie der bettelnden Städter damals berührte; wie nahe es ihm ging und welche Lehren er für sich daraus gezogen hat.

Hungern mussten auch die Geschwister Simon aus Vörden nicht. An den Winter können sie sich jedoch erinnern, denn ihnen fror die Wasserleitung zu und taute erst am 9. April wieder auf. „Wir haben das Wasser in Milchkannen vom Nachbarn geholt. Dort war die Pumpe im warmen Kuhstall", erzählt die 83-jährige Elisabeth. Und der 94-jährigen Agnes fällt ein, dass die Schneewände an den Straßen mehr als mannshoch waren. Ein Problem waren in der Zeit die Todesfälle. Der Schnee lag meterhoch und der Boden war tief gefroren. Da die Leichen aber noch zu Hause aufgebahrt wurden, musste man sich mit dem Begräbnis beeilen. Für den Totengräber war das Schwerstarbeit bei Temperaturen unter minus 20 Grad. Bezüglich der „Hamsterer" , wie die um Nahrung Bettelnden hier genannt wurden, erinnern sich die Schwestern, dass einige von ihnen für eine Scheibe Speck und eine Handvoll Kartoffeln die lange Fahrt im eiskalten Zug auf sich nahmen. „Für sie ging es ums nackte Überleben", sagt der 75-jährige Nachbar Johannes Vogedes. Während man gemeinsam in alten Fotoalben blättert, erinnert er sich daran, dass aus jedem Hause eine Person zum Schneeschippen verpflichtet wurde. Den dreieckigen Schneepflug passte man der jeweiligen Straßenbreite an. Gezogen wurde er von zwei, vier und teilweise sechs Pferden. „Frei wurden die alten Kalkstraßen damit jedoch nicht", sagt Vogedes. „Man schob lediglich den losen Schnee von der hartgefrorenen Fahrbahn etwas an die Seite, damit der Bus, der damals nur ganz selten fuhr, noch durchkam." Die Menschen in den Dörfern spürten die Kälte, aber sie wussten sich auch zu helfen. So wurden zum Beispiel die Nebentüren mit Strohsäcken zugesteckt, und vor die Kellerfenster und Lichtschächte packte man ebenfalls Stroh oder dampfendem Mist. „Nicht alles war hygienisch und nicht alles war geruchsneutral", bemerkt Johannes Vogedes, „aber es diente gegen die Kälte und bewahrte vor Schaden."

Arme Sau: Ob dieses schwere Schwein auch schwarz geschlachtet wurde, ist nicht überliefert. Vor dem Betäubungsschlag und der kochendheißen Dusche darf es sich noch einmal die Füße kühlen. Foto: Privatarchiv

Ein Sack Weizen für ein Schaukelpferd

Aus den hungernden Städten an Rhein und Ruhr führten Hamsterfahrten in Bremserhäuschen und auf Trittbrettern überfüllter Züge in Richtung Warburger Börde. Auch davon weiß Josef Wulf zu erzählen

Von Dieter Scholz

Die Erinnerungen verblassen. Beim Blick ins alte Familienalbum stößt das Auge auf ein Foto aus fröhlichen Kindertagen. Ein stolzer junger Reiter blickt da in die Kamera. „Das bin ich auf meinem Schaukelpferd", bemerkt Josef Wulf. Viele Begebenheiten aus der Zeit als Jüngster in der großen Schar der sieben Geschwister weiß der 86-jährige Warburger noch zu erzählen. Dann kam der Krieg. Da bleiben vor allem die Tage der harten Schicksalsschläge in Erinnerung. Zwei seiner Brüder fallen in Russland, der Vater stirbt im Januar 1944. Die Bombennacht der Zerstörung Kassels im Oktober 1943 hinterlässt im Gedächtnis Wulfs besonders tiefe Spuren. Dagegen verblasst das Wissen um den sogenannten „Hungerwinter" in der Nachkriegszeit.

„Wir haben eigentlich nicht gehungert", sagt Wulf. Doch dass „die Leute arg froren", blieb ihm haften. Und er weiß um die vielen, die mit Zügen aus den großen Industriestädten an der Ruhr kamen, um bei den Bauern in der Warburger Börde um Nahrungsmittel nachzufragen.

Eine ungewöhnliche Kälte hielt im von den Alliierten besetzten Deutschland Städte und Dörfer fest im Griff. Nach den Aufzeichnungen der Warburger Wetterwarte lag die Region in den ersten drei Monaten des Jahres 1947 unter einer geschlossenen Schneedecke. Ende Februar wurden 30 Zentimeter gemessen. Die Wintermonate seien um 4,5 Grad zu kalt gewesen, weist die Stadtchronik aus, der Februar gar um 8 Grad. Selbst am Ende des Monats herrschten noch 20 Grad minus. Die Schneemassen bedeckten die Landschaft bis weit in den März hinein. Meterhohe Schneewehen taten ihr Übriges.

„Daheim bollerte der Ofen nur in der Küche", sagt Josef Wulf. Das Wohnzimmer, die gute Stube, sei Weihnachten und am Neujahrstag geheizt worden. In der Stadt habe es an Brennmaterial gemangelt. Viel zu essen gab

Der heimische Garten: Josef Wulf sitzt vor einem Obstbaum in Garten. 1929 hatte sein Vater, der Lokomotivführer Josef Wulf, für seine „vorzüglichen Leistungen auf dem Gebiet des Obstbaus" bei der Obst- und Gemüseausstellung in Warburg als ersten Preis eine goldene Medaille gewonnen. Die Früchte des großen Hausgartens halfen über die Not der Kriegs- und Nachkriegszeit hinweg. Foto: Dieter Scholz

Betriebsfeier: 1946 stehen im Warburger Edeka-Großhandel die Weinflaschen auf dem Tisch. Die Belegschaft mit dem 16-jährigen Lehrling Josef Wulf (9. v. l.) feiert. Foto: Privatarchiv

es nicht, doch zu hungern brauchten die wenigsten. „Wir waren Selbstversorger", sagt Josef Wulf. In der Straße habe jeder hinter dem Haus einen Garten bestellt, „dazu ein Schwein im Keller" gehalten. „Mitunter auch zwei", sagt Wulf, obwohl das doch verboten gewesen sei. Eingemauerte Futtertröge und Gatterangeln sind heute noch im Keller so manch alten Hauses zu entdecken.

„Knapper werdende Zuteilung aufgrund der amtlichen Lebensmittelkarten ließ Not und Elend sich weiter ausbreiten", heißt es in der Stadtchronik des Warburger Gymnasiallehrers Wilhelm Marré, der über den Winter 1946/47 berichtet. Jeder habe versucht, sich auch „auf unebenen Wegen zu verschaffen, was er am meisten bedurfte". Vor allem Kartoffeln, Milch, Fett und Brot seien heimlich besorgt worden. „Man zahlte dafür jeden verlangten Preis", schreibt Marré. Das Geld war kaum noch etwas wert. Schmuck, Stoffe, Schuhe, Wäsche, Haushaltswaren wurden zum Zahlungsmittel. Flüchtlinge, Arme, Kranke und viele andere, „die keine Beziehungen hatten oder sich mit dem Schwarzhandel oder dem Schieben nicht abgeben wollten oder konnten, hatten zu leiden", steht in der Chronik. Von der Militärregierung war der tägliche Kalorienbedarf auf 1.250 für den Normalbürger, für Schwerstarbeiter auf 1.500 Kalorien festgesetzt worden. Mit dem Hunger aufgrund der amtlichen Lebensmittelkarten wuchs der Schwarzmarkt.

„Die Züge waren voll", sagt Wulf. Er erinnert sich an ein Foto aus seinem Besitz, das Menschentrauben auf den Trittbrettern der Waggons am Warburger Bahnhof zeigt. Doch es wolle sich nicht finden lassen, sagt er. An den Bahnsteigen in Warburg, Scherfede und Eissen herrscht Massenbetrieb. Die „Hamsterer" durchkämmen die umliegenden Bördedörfer, ziehen bis ins hessische Volkmarsen und darüber hinaus, übernachten zu „manchmal mehr als hundert Menschen in den Räumen der Bahnhöfe, um dann mit den Frühzügen die Heimreise anzutreten", weist der Bericht in der Stadtchronik aus.

„Die hatten Rucksäcke, Säcke und Körbe dabei", erinnert sich der Scherfeder Wilfried Ploeger (76) an die Zeit als Steppke. Erbsensuppe, Kappes, Kohlrouladen: Nicht jeden Tag habe es daheim Fleisch gegeben. Im Dezember wurde in den Häusern geschlachtet. „Bei acht Kindern, Mutter, Vater, Oma und Opa blieben für jeden nur drei bis vier Zentimeter der Gemüsewurst im Grünkohl", resümiert er. „Am Güterbahnhof beim Bahnbetriebswerk wurden die Brennkammern der Dampfloks entschlackt", sagt Josef Wulf. Warburg sei damals ebenso wie die benachbarte Ortschaft Scherfede ein Bahnknotenpunkt gewesen. „Die Kohlenschlacke fiel durch ein Gitter", fügt er an. Mit der Mutter schaufelt sie der junge Kaufmannslehrling in den Eimer. „Es gab Lokführer, die legten aus der Tür des Führerstandes auch noch die eine oder andere Schüppe drauf."

Die Gleise der Bahn waren nicht weit vom Wohnhaus der Wulfs entfernt. Aus dem Fenster hatte er über die Wiese hinterm Haus nach dem Einmarsch der Amerikaner im April 1945 gesehen, wie abgestellte Waggons am Güterbahnhof geplündert wurden. Aus dem Waggon holte auch er sich „einige Packungen Storck-Karamellen", die für die Soldaten an der Front bestimmt waren. Später sei Polizist Hille an der Haustür vorstellig geworden. Er verlangte die Herausgabe des süßen Schatzes.

Mit 15 hatte Josef Wulf seine Lehre zum Großhandelskaufmann begonnen. Von dem Lager in der Böttrichschen Scheune in der Warburger Unterstraße aus wurden bis in die Diemel- und Edersee-Region, ins nordhessische Hofgeismar und ins waldeckische Korbach Waren geliefert. „Ich saß bei der Edeka ja an der Quelle, konnte immer etwas kaufen“, sagt der Senior. Zucker kam von der Zuckerfabrik. Dort bewachten alliierte Soldaten die Bestände. „Immer lagerten zehn Säcke übereinander. Die farbigen Soldaten schnitten den unteren an, der Zucker lief heraus, der Stapel kippte“, sagt Wulf. Zur Freude vieler Bördebewohner unbrauchbar für die Weiterverwendung. Am Alkohol mangelte es kaum. „Der Schnaps wurde selbst gebrannt“, bemerkt Wulf. „Auch Polizisten gehörten zu den Produzenten.“

Damit die Kinder nicht allzu sehr unter der Not litten, wurde ab April 1947 in allen Schulen der Stadt eine Schulspeisung eingeführt. Rot-Kreuz-Schwestern kochten zum Selbstkostenpreis in der Küche der Stadthalle. „In Blecheimern holten Schüler das Essen in die Klassenräume der Alt- und der Neustadt“, erinnert sich Josef Wulf. Einmal am Tag eine warme Speise: Mehr als 1.600 Portionen wurden im Sommer 1947 am Tag durchschnittlich ausgegeben. Das Essen: meist Erbsbrei oder Haferflocken mit Puddinggeschmack. „Hierdurch bekamen die Kinder alltäglich zusätzlich 300 Kalorien“, schreibt Studienrat Marré in seiner Chronik.

Die Knappheit des Heizmaterials in der alten Hansestadt traf die alten Leute und die Flüchtlinge (3.456 Evakuierte und 683 Ausländer in Dössel, nennt die Stadtchronik statistische Zahlen für das Jahr 1947) besonders hart. Viele waren nicht in der Lage, sich ein warmes Mittagessen zuzubereiten. Anfang des Jahres richtete die Stadtverwaltung im „Westfälischen Hof“ eine Volksküche ein. Die Preise: werktags 35 und sonntags 50 Pfennige. Teilnehmerkarten wurden gegen Abgabe von Bezugsscheinen für 20 Gramm Fett, 50 Gramm Fleisch, 150 Gramm Brot und acht Kartoffelmarken zu je 146 Gramm für eine Woche samstags im Rathaus ausgegeben.

„Neben den im Keller gelagerten Kartoffeln, dem im Herbst eingemachten Gemüse und dem Obst aus dem Garten steuerten Gänse und Hühner Eier und Fleisch bei“, sagt Josef Wulf im Wohnzimmer seines elterlichen Hauses und blickt noch einmal ins Familienalbum auf die Aufnahme des fröhlichen jungen Reiters. „Nach dem Krieg haben wir bei einem Bauern in Kleinenberg für das Holzpferd einen Zentner Weizen bekommen“, sagt er dann. 1946 sei das gewesen, im Herbst vor dem langen Winter.

Fröhliche Kindheit: Steppke Josef, der Jüngste einer siebenköpfigen Kinderschar im Hause Wulf, reitet auf seinem Schaukelpferd. Am Ende der Kinderzeit wird der hölzerne Spielgefährte beim Bauern gegen einen Zentner Weizen getauscht. Foto: Privatarchiv